Basiswissen
Politik / Geschichte / Ökonomie

Gerd Fesser

Deutschland und der Erste Weltkrieg

PapyRossa Verlag

© 2014 by PapyRossa Verlags GmbH & Co. KG, Köln
Luxemburger Str. 202, D-50937 Köln
Tel.: +49 (0) 221 – 44 85 45
Fax: +49 (0) 221 – 44 43 05
E-Mail: mail@papyrossa.de
Internet: www.papyrossa.de

Alle Rechte vorbehalten

Umschlag: Joachim Kubowitz, luxsiebenzwoplus
Druck: Interpress

Die Deutsche Nationalbibliothek verzeichnet diese Publikation in
der Deutschen Nationalbibliografie; detaillierte bibliografische
Daten sind im Internet über http://dnb.d-nb.de abrufbar

ISBN 978-3-89438-540-8

Inhalt

1. Einführung 7

2. Todesschüsse in Sarajevo 8

3. Die Rivalität der imperialistischen Großmächte
   am Vorabend des Krieges 11

4. Julikrise und Kriegsausbruch 26

5. »Augusterlebnis« und »Burgfrieden« 37

6. Kriegsverlauf 1914 und 1915 41

7. Die Kriegszieldebatte 1914–1915 48

8. Die Entwicklung der Antikriegsopposition
   1914–1915 52

9. Kriegsverlauf 1916 –
   Die III. Oberste Heeresleitung 60

10. Die Kriegswirtschaft 65

11. Kriegsalltag an der Front und in der Heimat 69

12. Kultur im Kriege	73
13. Die Entwicklung der Antikriegsopposition 1916–1917	77
14. Kriegsverlauf 1917	81
15. Die Februarrevolution 1917 in Russland	84
16. Deutschland im Epochenjahr 1917	87
17. Die Oktoberrevolution	92
18. Die Januarstreiks 1918	98
19. Der Friedensvertrag von Brest-Litowsk	101
20. Kriegsverlauf 1918	104
21. Der Zusammenbruch des Kaiserreichs	106
22. Bilanz	110
23. Zur Geschichtsschreibung	113
Literaturhinweise	118

1.
Einführung

Am 15. Dezember 1887 verfasste Friedrich Engels für die Broschüre »Zur Erinnerung für die deutschen Mordspatrioten. 1806–1807« des Demokraten Sigismund Borkheim eine Einleitung. Er schrieb darin: »wenn das auf die Spitze getriebene System der gegenseitigen Überbietung in Kriegsrüstungen endlich seine unvermeidlichen Früchte« tragen werde, dann werde es zu einem »Weltkrieg von einer bisher nie geahnten Ausdehnung und Heftigkeit« kommen. Engels prophezeite, wie dieser Krieg aussehen würde:

> »Acht bis zehn Millionen Soldaten werden sich untereinander abwürgen und dabei ganz Europa so kahlfressen, wie noch nie ein Heuschreckenschwarm. Die Verwüstungen des Dreißigjährigen Krieges zusammengedrängt in drei bis vier Jahre und über den ganzen Kontinent verbreitet; Hungersnot, Seuchen, allgemeine, durch akute Not hervorgerufene Verwilderung der Heere wie der Volksmassen; rettungslose Verwirrung unsres künstlichen Getriebs in Handel, Industrie und Kredit, endend im allgemeinen Bankerott; Zusammenbruch der alten Staaten und ihrer traditionellen Staatsweisheit, derart, daß die Kronen zu Dutzenden über das Straßenpflaster rollen und niemand sich findet, der sie aufhebt; absolute Unmöglichkeit, vorherzusehn, wie das alles enden und wer als Sieger aus dem Kampf hervorgehen wird …«. (Marx/Engels, Werke, Bd. 21, 350 f.)

Als der Weltkrieg dann im Jahre 1914 ausbrach, hegten fast alle Experten ganz andere Erwartungen. Sie meinten, es werde einen Bewegungskrieg geben, der allenfalls einige Monate dauern werde. Es wurde aber ein Stellungskrieg, der mehr als vier Jahre lang wütete. Neue, fürchterliche Waffen wurden eingesetzt, darunter das Giftgas und der Flammenwerfer. Insbesondere die Materialschlachten an der Westfront brachten für die kämpfenden Soldaten Leiden und Entbehrungen, deren grausiges Ausmaß man nur unvollkommen beschreiben kann, und auch die Zivilbevölkerung musste große Opfer bringen. So starben in Deutschland und Österreich Hunderttausende von Frauen, Kindern und Alten an Unterernährung und Infektionskrankheiten.

Der Krieg begann als ein europäischer Konflikt, doch bereits 1914 traten das Osmanische Reich, Japan und das britische Empire, damit Indien, Australien, Kanada und weitere Gebiete in den Krieg ein. 1917 folgten die USA.

Die Weltlage ist heute eine andere als vor 100 Jahren. Und doch wirken gegenwärtig einige Faktoren, die denen am Vorabend des Ersten Weltkrieges ähneln: die Rüstungsspirale dreht sich, die Weltmächte rivalisieren um Einflusszonen und Rohstoffressourcen, Presseorgane ergehen sich mitunter in bellizistischen Auslassungen. Und der Kriegsverlauf 1914–1918 zeigt: Kriege sind viel leichter zu beginnen als zu beenden.

2.
Todesschüsse in Sarajevo

Das Kaiserreich Österreich-Ungarn umfasste im Jahre 1914 das Gebiet der heutigen Staaten Österreich, Ungarn, Tschechien, Slowakei, Slowenien, Kroatien, Bosnien und Kosovo. Hinzu kamen das östliche Galizien (heute ukrainisch) und Siebenbürgen (heute rumänisch).

Am 28. Juni 1914 stattete der österreichisch-ungarische Thronfolger, Erzherzog Franz Ferdinand, der Hauptstadt Bosniens, Sarajevo, einen Besuch ab. Es herrschte strahlender Sonnenschein. Der Erzherzog fuhr in einem Kabriolett, dessen Verdeck zurückgeklappt war. Gegen 10.25 Uhr ertönte plötzlich eine heftige Explosion. Ein junger Mann namens Nedeljko Čabrinović hatte eine »Bombe« (eine Handgranate von flacher, rechteckiger Form) gegen das Fahrzeug des Erzherzogs geschleudert.

Die Bombe prallte jedoch am Fond dieses Autos ab und explodierte unter dem nachfolgenden Fahrzeug der Kolonne. Sie verletzte drei der Insassen, darunter den Oberstleutnant Erich von Merizzi, Adjutant des Generals Oskar Potiorek, der sowohl Chef der Militärverwaltung in Bosnien als auch Chef der Zivilverwaltung war.

Der Konvoi fuhr nun rasch zum Rathaus. Nach kurzem Aufenthalt ging es weiter. Gegen 10.45 Uhr bremste der Chauffeur Franz Ferdinands am Eingang der Franz-Joseph-Straße, um zu wenden. In diesem Augenblick stürzte aus einer Menschenmenge ein junger Mann hervor und zog eine Pistole. Aus einer Entfernung von zwei bis drei Metern feuerte er zweimal. Franz Ferdinand und seine Frau Sophie, Herzogin von Hohenberg, wurden tödlich getroffen.

Der Todesschütze hieß Gavrilo Princip und war 19 Jahre alt. Er war bosnischer Serbe, Sohn eines Bauern aus dem Grahovo-Tal. Seit 1912 besuchte er in Belgrad das Gymnasium und lebte in bitterer Armut. 1912 hatte er während des ersten Balkankrieges versucht, sich den serbischen Freischärlern (den Komitadschi) anzuschließen, war aber wegen seines kleinen Wuchses abgewiesen worden. Dieses Erlebnis brannte noch immer auf seiner Seele. Mit einem Kreis gleichgesinnter Jünglinge träumte Princip von der Befreiung der südslawischen Gebiete Österreich-Ungarns, von »Tyrannenmord« und Opfertod.

1914 stand der Kaiser von Österreich und König von Ungarn, Franz Joseph I., bereits im 84. Lebensjahr. Es war mit einem baldigen Thronwechsel zu rechnen. In dem energiegeladenen, die Politik der Monarchie bereits stark beeinflussenden Thronfolger Franz Ferdinand sahen Princip und seine Gefährten einen gefährlichen Gegner. Viele Österreicher erwarteten von Franz Ferdinand, dass er die zur Selbständigkeit strebenden slawischen Nationalitäten wieder enger an die Monarchie binden würde. Als bekannt wurde, dass er zu Truppenmanövern nach Bosnien kommen werde, beschlossen Princip und seine Gefährten, ihn zu ermorden.

Waffen erhielten sie von dem nationalistischen Geheimbund »Vereinigung oder Tod«, der auch »Schwarze Hand« genannt wurde. Die »Schwarze Hand« strebte die Vereinigung der südslawischen Völker (Serben, Kroaten, Slowenen und Mazedonier) in einem gemeinsamen Staat unter serbischer Führung an. An der Spitze dieser einflussreichen Organisation stand der Chef des serbischen Militärgeheimdienstes, Oberst Dragutin Dimitrijević (genannt »Apis«). Die Waffen entstammten dem serbischen Armeearsenal Kragujevac (was man auf den Handgranaten sogar lesen konnte). Beauftragte der »Schwarzen Hand« bildeten Princip und seine Gefährten im Schießen aus und schleusten sie schließlich über die Grenze nach Bosnien. Die serbische Regierung stand selbst unter dem Druck der »Schwarzen Hand« und war nicht an der Vorbereitung des Mordanschlages beteiligt.

Am 28. Juni und in den folgenden Tagen verhaftete die österreichische Polizei die sechs Attentäter und zahlreiche weitere Mitverschworene. Bei den Verhören sagten die Attentäter aus, dass sie aus einem Arsenal der serbischen Armee mit Waffen ausgestattet worden seien und dass ihnen serbische Grenzposten beim Grenzübertritt geholfen hätten.

Das Attentat fiel in eine Zeit, in der sich die Spannungen zwischen dem deutsch-österreichischen und dem britisch-französisch-russischen Machtblock (der Entente) bereits in gefährlichem Maße zugespitzt hatten und ein Wettrüsten im Gange war. Erzherzog Franz Ferdinand hatte zu Unrecht als Protektor der »Kriegspartei« um Generalstabschef Franz Freiherr Conrad von Hötzendorf gegolten. In Wirklichkeit hatte er eine zurückhaltende Balkanpolitik und eine Verständigung mit Russland befürwortet. Gerade seine Ermordung ließ in Wien die leichtfertigen Befürworter eines Präventivkrieges zum Zuge kommen.

3.
Die Rivalität der imperialistischen Großmächte am Vorabend des Krieges

Seit Entstehen des Imperialismus war in Deutschland wie auch in anderen Ländern die Überzeugung weit verbreitet, Ansehen und Zukunftsaussichten eines Staates hingen vom Besitz überseeischer Gebiete (Kolonien und Einflusszonen) ab. Die überseeischen Besitzungen sollten als Rohstofflieferanten und Absatzmärkte dienen und es ermöglichen, dort Flottenstützpunkte und Kohlestationen für die Versorgung der Handelsflotte zu errichten. Kolonien galten aber auch einfach als Statussymbole. Ein wichtiges Motiv für die Kolonialexpansion war der »Sozialimperialismus«. So erklärte Cecil Rhodes, *die* Symbolfigur des britischen Imperialismus, im Jahre 1895: wer den Bürgerkrieg vermeiden wolle, müsse zum Imperialisten werden.

Die territoriale Aufteilung der Welt unter die Kolonialmächte war um 1900 bereits weitgehend abgeschlossen. Es setzte deshalb ein heftiges Ringen dieser Staaten um die letzten überseeischen Gebiete ein, die noch nicht zu einem der Kolonialreiche gehörten. Das waren vor allem China, das Osmanische Reich, Marokko und Persien. In Deutschland forderten Publizisten, Professoren, Wirtschaftsführer und Stammtischpolitiker den Griff nach Übersee. Das deutsche Kaiserreich war bei der Aufteilung der Welt in Kolonien und Einflusszonen ihrer Meinung nach zu spät gekommen. Deutschland besaß zwar Kolonien, die brachten jedoch nichts ein, erforderten vielmehr Zuschüsse.

In Deutschland wie in den übrigen großen europäischen Staaten bildete der Nationalismus eine maßgebliche Triebkraft für die imperialistische Expansionspolitik. Träger des neuen, integralen Nationalismus waren in Deutschland militante Organisationen wie der Alldeutsche Verband, in Frankreich die Action française, in Russland die panslawistische Bewegung, in Großbritannien die Flottenvereine und in Österreich die Bewegung des vom jungen Adolf Hitler bewunderten Georg Ritter von Schönerer.

Im Sommer 1897 fielen in Deutschland zwei wichtige Personalentscheidungen: Bernhard von Bülow wurde (formell zunächst nur stellvertretend) Staatssekretär des Auswärtigen Amtes, d. h. Außenminister, Admiral Alfred Tirpitz Staatssekretär des Reichsmarineamtes, also Minister für die Kaiserliche Marine. Damit waren die beiden maßgeblichen Protagonisten einer deutschen »Weltpolitik« und Flottenrüstung in die außenpolitischen Schlüsselstellungen eingerückt. Am 6. Dezember 1897 verlangte Bülow in einer Aufsehen erregenden Rede im Reichstag für das Deutsche Reich einen »Platz an der Sonne«.

Zu dieser Zeit verschob sich das ökonomische Kräfteverhältnis zwischen dem Deutschen Reich und der führenden Weltmacht Großbritannien in dramatischer Weise. So stieg die britische Stahlproduktion zwischen 1886 und 1910 von 2,4 Millionen Tonnen auf 6,1 Millionen (= um 154%). Die deutsche Stahlerzeugung aber wuchs im gleichen Zeitraum von knapp einer Million Tonnen auf 13,7 Millionen Tonnen (= um 1335%). In den herrschenden Kreisen des deutschen Kaiserreichs richtete man mehr und mehr den Blick vom eigenen mageren Kolonialbesitz auf das gigantische britische Weltreich, dessen Ausplünderung den Briten so große Reichtümer einbrachte.

Die Rede Bülows vom 6. Dezember signalisierte, dass das kaiserliche Deutschland eine Expansionspolitik eingeleitet hatte, deren Stoßrichtung sich objektiv vor allem gegen das britische Weltreich richtete. Die deutsche »Weltpolitik« folgte keinem ausgreifenden geheimen Plan. Sie war vielmehr darauf ausgerichtet, vorteilhafte Konstellationen der internationalen Politik improvisierend zu nutzen. 1898/99 gelang es Bülow, die pazifische Insel Samoa, die Marianen, die Karolinen und Palau zu erwerben. Im März 1898 nahm der deutsche Reichstag das erste Flottengesetz an. Es sah insbesondere vor, die Zahl der deutschen Linienschiffe (Schlachtschiffe) von 7 auf 19 zu erhöhen. Mit dem Flottengesetz gab die Reichsregierung eine indirekte Antwort auf die Frage, mit welchen Mitteln Deutschland einen »Platz an der Sonne« erringen könne.

Dem Ersten Weltkrieg ging eine Serie von Kriegen und Konflikten voraus. So zog im September 1898 die Gefahr eines britisch-französischen Krieges herauf. Die Briten und Franzosen waren die Hauptrivalen bei der Aufteilung der letzten Gebiete Afrikas. Bei dem Ort Faschoda im Sudan standen sich französische und britische Truppen monatelang kampfbereit gegenüber. Frankreich war in der schwächeren Position. Seine Flotte war der britischen nicht gewachsen. Obendrein befürchteten die französischen Politiker, dass Deutschland große Vorteile aus einem englisch-französischen Krieg ziehen, womöglich gar eingreifen könne.

Anfang November 1898 gab die französische Regierung den Befehl, Faschoda aufzugeben. Bereits am 21. März 1899 schlossen Großbritannien und Frankreich einen Vertrag, der die Interessensphären beider Mächte in Mittelafrika klar voneinander abgrenzte. Die Franzosen mussten den Sudan den Briten überlassen und erhielten dafür freie Hand, ihren Kolonialbesitz in Westafrika abzurunden. London hatte die Krise souverän gemeistert, den Vorstoß der Franzosen abgewehrt und sich trotzdem die Option für eine künftige Zusammenarbeit mit Frankreich offen gehalten.

Um die Jahrhundertwende erkannten führende britische Politiker, dass ihre traditionelle Politik der »splendid isolation« an ihre Grenze gestoßen war. Großbritannien musste sich entweder mit Frankreich und Russland (die seit 1893 durch ein Militärabkommen verbunden waren) oder aber mit Deutschland arrangieren. Am 30. November 1899 sprach sich Kolonialminister Joseph Chamberlain in einer öffentlichen Rede für eine Allianz zwischen Deutschland, England und den USA aus. Bülow und Tirpitz gaben ihm bereits am 11. Dezember 1899 eine unmissverständliche Antwort. An diesem Tage kündigte die deutsche Reichsregierung den Entwurf eines zweiten Flottengesetzes an. Die Vorlage schrieb für die deutsche Kriegsflotte eine Sollstärke fest, welche nahe an die der Royal Navy heranreichte: 38 Linienschiffe (Schlachtschiffe) und 52 Kreuzer. Die einseitige Orientierung auf die Linienschiffe mit ihrem begrenzten Aktionsradius machte deutlich, dass die deutsche Flottenrüstung sich vorab gegen England richtete.

Das deutsche Staatsoberhaupt, Kaiser Wilhelm II., begleitete die »Weltpolitik« mit waffenklirrenden Reden, die bei den Regierenden Großbritanniens, Frankreichs und Russlands große Befürchtungen über die Ziele dieser Politik weckten.

Das Deutsche Reich hatte bei seinem Übergang zur »Weltpolitik« eine günstige internationale Mächtekonstellation ausnutzen können. Reichskanzler Bülow meinte, diese Konstellation habe Ewigkeitswert. Im Gefolge der Intervention der imperialistischen Mächte in China von 1900/1901 verschärften sich die Spannungen zwischen Russland und England weiter. Für Bülow und seinen außenpolitischen Ratgeber Friedrich von Holstein war es geradezu ein Glaubenssatz, dass die Widersprüche zwischen Russland und England (»Bär« und »Walfisch«), aber auch die zwischen England und Frankreich unüberbrückbar seien. Die alten Rivalen England und Frankreich waren aber mehr und mehr dazu übergegangen, ihre Differenzen auszugleichen und sich gegen den neuen gefährlicheren Gegner zusammenzuschließen. Es war nur eine Frage der Zeit, dass auch Russland zu dieser »Entente« stoßen und Deutschland völlig in die außenpolitische Isolierung geraten würde.

Die Zuspitzung des deutsch-englischen Gegensatzes führte rasch zu einer Schwächung des seit 1882 bestehenden deutsch-österreichisch-italienischen Dreibundes. Italien musste wegen seiner langen ungeschützten Küste eine Konfrontation mit der Seemacht Großbritannien vermeiden. Bereits 1902 schloss es ein geheimes Abkommen mit Frankreich, in dem es sich verpflichtete, im Falle eines deutsch-französischen Krieges neutral zu bleiben. Damit hatte sich

Italien de facto bereits von den militärischen Verpflichtungen losgesagt, die ihm aus dem Dreibundvertrag erwuchsen.

Die Regierenden des Kaiserreiches glaubten, die politische Annäherung zwischen Großbritannien, Frankreich und Russland laufe auf eine »Einkreisung« Deutschlands hinaus. Dreimal haben sie zwischen 1905 und 1911 versucht, durch riskante diplomatische Vorstöße, bei denen sie bewusst am Rande eines großen Krieges agierten, die Entente beziehungsweise die seit 1907 bestehende britisch-französisch-russische Triple-Entente zu schwächen oder gar zu sprengen.

Im Jahre 1905 war das mit Frankreich verbündete Russland, durch die Niederlage im Krieg gegen Japan und die Revolution geschwächt, außenpolitisch nicht aktionsfähig. Bülow und Holstein beschlossen, diese Situation zu einem Vorstoß gegen Frankreich auszunutzen. Im Februar 1905 war der französische Gesandte Georges Taillandier in der Hauptstadt Fez beim Sultan von Marokko erschienen und hatte diesen aufgefordert, eine Anzahl von »Reformen« durchzuführen (insbesondere Armee und Zollwesen französischer Aufsicht zu unterstellen), die das Land in ein französisches Protektorat verwandelt hätten.

Am 31. März 1905 landete Wilhelm II. in der marokkanischen Hafenstadt Tanger und brachte dort zum Ausdruck, dass das deutsche Kaiserreich gleichfalls Ansprüche auf Marokko erhob. Wenige Tage später forderte die Reichsregierung, eine internationale Konferenz von 13 Staaten einzuberufen, die über die Ansprüche Frankreichs und anderer Länder auf Marokko befinden sollte. Sie war fest davon überzeugt, eine solche Konferenz werde mit einer diplomatischen Niederlage Frankreichs enden. Als die französische Regierung sich zunächst weigerte, auf die deutschen Forderungen einzugehen, drohte die Reichsregierung mit

Krieg. Schließlich wich die französische Regierung vor den deutschen Drohungen zurück und stimmte einer Marokkokonferenz zu.

Von Januar bis April 1906 tagte dann in der spanischen Stadt Algeciras die internationale Marokko-Konferenz. Sie brachte entgegen den Erwartungen Bülows und Holsteins einen Triumph Frankreichs und eine schwere diplomatische Niederlage Deutschlands. Die Konferenzmehrheit, darunter die Vertreter Englands, Russlands, der USA und Italiens, übertrug Frankreich die Kontrolle über die Polizei sowie das Finanz- und Zollwesen Marokkos. Damit war der Weg für die künftige Verwandlung Marokkos in eine französische Kolonie geebnet.

In Großbritannien verfolgte man die hektische deutsche Flottenrüstung mit wachsender Besorgnis und sah die Seeverbindungen zum eigenen Kolonialreich bedroht. 1905/06 ging Großbritannien zum Bau von Großkampfschiffen über. Im Februar 1906 lief das Schlachtschiff »Dreadnought«, im April 1907 der Schlachtkreuzer »Invincible« vom Stapel. Die britische Marineführung war davon überzeugt, Deutschland sei aus technischen und finanziellen Gründen nicht in der Lage, Großkampfschiffe zu bauen. Das erwies sich als Fehlkalkulation. Bereits im März 1908 lief das erste deutsche Großkampfschiff »Nassau« vom Stapel, im März 1909 der Schlachtkreuzer »Von der Tann«.

Mit dem Bau von Großkampfschiffen wurden die bisherigen Schlachtschiffe und Panzerkreuzer entwertet. Damit begann das deutsch-englische Flottenwettrüsten faktisch wieder beim Stande Null. Doch von vornherein hatte Deutschland wegen der mit dem »Dreadnought-Sprung« einhergehenden immensen Verteuerung des Schiffsbaus einerseits und seiner kostspieligen Heeresrüstung andererseits keine Aussicht, dem von Großbritannien vorgegebenen maritimen Rüstungstempo auf Dauer zu folgen. Gleichwohl widersetzten sich Tirpitz und jene Industriellen, die an der Flottenrüstung verdienten, jeglichem Versuch, das deutsch-britische Wettrüsten zu begrenzen. Über diese Interessenten schrieb der wohl informierte Hofmarschall Robert Graf von Zedlitz-Trützschler am 9. April 1909 in sein Tagebuch:

> »Neben den bekannten Enthusiasten sind bei uns gegen jede Rüstungsbeschränkung allerlei einflußreiche Leute; es wäre sehr interessant, einmal die mancherlei Beziehungen kennenzulernen, die zwischen Flottenfanatiker und Flottenerzeuger bestehen. Die Macht der Stahlkönige wiegt schwer, und die Sorge um ihr Geschäft, der Wunsch auf Haussestimmung an der Börse sind uns schon oft als nationale Sorge serviert worden.« (Fesser, 1996, 129)

Im Oktober 1908 löste die Regierung Österreich-Ungarns die Bosnische Krise aus. In Bosnien und der Herzegowina lebten vor allem Serben, slawische Muslime und Kroaten. Beide Provinzen unterstanden seit 1878 österreichischer Militär- und Verwaltungshoheit, gehörten aber formell noch zum Osmanischen Reich. Als die österreich-ungarische Regierung 1908 die Provinzen annektierte, rief das insbesondere in Serbien, das die Vereinigung aller südslawischen Völker in einem unabhängigen Staat anstrebte, große Erregung hervor. Die deutsche Reichsregierung zwang schließlich im März 1909 durch ein Ultimatum das hinter Serbien stehende Russland, die Annexion anzuerkennen. Russland hatte nachgeben müssen, weil seine Armee noch durch die Niederlage im Russisch-Japanischen Krieg geschwächt war. Der deutsch-österreichische Machtblock hatte so einen Prestigeerfolg gegen die Triple-Entente errungen. Infolge der Bosnischen Krise spitzten sich insbesondere der deutsch-russische und der serbisch-österreichische Gegensatz stark zu. Das gedemütigte Russland forcierte seine Rüstungsanstrengungen.

Unterdessen ging Frankreich daran, Marokko endgültig seinem Kolonialreich einzuverleiben. Im Mai 1911 besetzten französische Truppen die marokkanische Hauptstadt Fez. Die deutsche Reichsregierung entsandte daraufhin Anfang Juli das Kanonenboot »Panther« und den Kreuzer »Berlin« vor die marokkanische Hafenstadt Agadir. Der Initiator des »Panthersprungs«, Staatssekretär Alfred von Kiderlen-Wächter, strebte keine Annexionen in Marokko an. Er verfolgte vielmehr das Ziel, in Mittelafrika ein großes zusammenhängendes deutsches Kolonialreich zu errichten. Er betrachtete Agadir als »Faustpfand«, um die französische Regierung zu zwingen, große Teile ihres mittelafrikanischen Kolonialbesitzes abzutreten. Die englische Regierung stellte sich sofort eindeutig auf die Seite Frankreichs. Das zwang die Reichsregierung zum Einlenken. Im November 1911 erkannte sie die französische Vorherrschaft über Marokko an. Frankreich trat dafür einen Teil seiner Kongo-Kolonie ab (275.000 km²), der von tropischen Sümpfen bedeckt und von der Schlafkrankheit verseucht war (weshalb er »Schlafkongo« genannt wurde). Der hochgefährliche Vorstoß Kiderlens hatte damit nur eine magere Beute eingebracht.

Der »Panthersprung« führte zu einer weiteren Verschlechterung des deutsch-britischen Verhältnisses. Die Briten erhöhten bei ihrer Flottenrüstung das Bautempo, und in den folgenden Jahren verschob sich, wie die folgende Tabelle zeigt, das Kräfteverhältnis immer mehr zu ihren Gunsten.

Im Dienst befindliche Großkampfschiffe
(jeweils am Ende des Stichjahres)

	Deutschland	Großbritannien
1906	-	1
1907	-	1
1908	-	4
1909	2	8
1910	5	10
1911	9	11
1912	14	21
1913	17	27
1914	22	34
1917	25	44

Der deutsche Reichskanzler Theobald von Bethmann Hollweg stand seit dem Ende der Agadir-Krise unter massivem Druck. Er hatte seitdem im rechten Lager den Ruf, seiner Außenpolitik fehle es an Entschlossenheit und Härte. Der Kanzler war deshalb bestrebt zu verdeutlichen, dass er kein »schwacher« Politiker sei. Bethmann wollte ernsthaft eine Entspannung im Verhältnis zu Großbritannien, und er hoffte auf kolonialpolitische Gegenleistungen der Briten, insbesondere in Mittelafrika. In der Tendenz lief diese Politik auf eine künftige Juniorpartnerschaft Deutschlands mit Großbritannien hinaus. Gleichzeitig trug der Kanzler den Forderungen des Generalstabs nach einer erheblichen Verstärkung des deutschen Militärpotenzials Rechnung. Gegen die Entspannungspolitik Bethmanns wandte sich von Anfang an eine mächtige Phalanx, zu der auch Wilhelm II. gehörte.

Im Oktober 1912 begannen die von Russland dazu ermunterten Balkanstaaten Bulgarien, Serbien, Griechenland und Montenegro einen Krieg gegen das Osmanische Reich. In diesem ersten Balkankrieg ging es zum einen um die nationale Befreiung jener Balkanvölker, die noch unter türkischer

Fremdherrschaft standen. Zugleich ging es um die ökonomischen und militärstrategischen Balkaninteressen der beiden Machtblöcke. Und es ging auch um eigensüchtige nationalistische Ziele, welche die herrschenden Kreise der Balkanstaaten verfolgten. Nachdem die Türkei besiegt worden war, setzte unter den Balkanstaaten ein räuberischer Länderschacher ein.

In dieser Situation rief Kaiser Wilhelm II. am 8. Dezember Generalstabschef Helmuth von Moltke, Admiral Tirpitz und weitere hohe Militärs zu sich. Wilhelm II. plädierte bei diesem »Kriegsrat« für einen sofortigen Krieg gegen Frankreich und Russland. Moltke sekundierte seinem obersten Kriegsherrn und erklärte: »Ich halte einen Krieg für unvermeidlich und: je eher, desto besser«. (Görlitz 125) Tirpitz jedoch betonte, die Flotte werde erst in eineinhalb Jahren kriegsbereit sein. Förmliche Beschlüsse fasste der »Kriegsrat« nicht. Er ließ aber erkennen, dass es unter seinen Teilnehmern eine hohe Kriegsbereitschaft gab, und er stellte die Weichen für weitere Aufrüstungsschritte sowie für eine forcierte ideologische Kriegsvorbereitung.

Im Juni und Juli 1913 besiegten Serbien, Griechenland und Rumänien sowie die Türkei im zweiten Balkankrieg gemeinsam Bulgarien. Die beiden Balkankriege waren ein Schritt auf dem Weg zum großen Krieg. Serbien zeigte sich mächtig erstarkt. Seitdem die Türkei fast völlig vom Balkan vertrieben war, betrachtete es Österreich-Ungarn als seinen Hauptgegner. Unter den Wiener Regierenden wuchs die Neigung, mit den Serben »abzurechnen«.

Seit 1913 erschienen in der deutschen Presse Aufsehen erregende Artikel, in denen es übereinstimmend hieß: etwa im Jahre 1917 werde Russland militärisch so sehr erstarkt sein, dass man mit einem russischen Angriff auf Deutschland rechnen müsse. Die Artikel gipfelten in der verschleierten Empfehlung, einer solchen Gefahr durch einen Präventivkrieg zuvorzukommen.

Die Veröffentlichungen bewirkten, dass sich in Deutschland eine antirussische Massenhysterie entwickelte. Auch Wilhelm II. glaubte mittlerweile fest an eine »slawische Gefahr«: »Ich als *Militair* hege nach allen meinen Nachrichten nicht den geringsten Zweifel, dass Russland den Krieg systematisch gegen uns vorbereitet; und danach führe ich meine Politik.« (Lepsius, Bd. 39, 554)

Während sich die deutsch-russischen Beziehungen verschärften, verbesserte sich das Verhältnis Deutschlands zu Großbritannien weiter. Im Frühjahr 1914 wurden die deutsch-britischen Verhandlungen über die Bagdadbahn erfolgreich abgeschlossen. Doch Bethmann und seine Mitarbeiter überschätzten die Bedeutung jener Vereinbarungen, die man mit Großbritannien erzielt hatte. Während der Julikrise 1914 sollte sich dann zeigen, dass im Hinblick auf die Einstellung der britischen Regierung gegenüber dem deutschen Kaiserreich das Flottenwettrüsten und die weltpolitische Rivalität viel schwerer wogen als die partielle Kooperation.

Von der Überzeugung, ein Krieg sei unvermeidbar und stehe nahe bevor, ist es nur ein kleiner Schritt bis zu der Meinung, dann müsse man den Zeitpunkt des Krieges auch selbst bestimmen. Die seinerzeit von Fritz Fischer und Alfred Gasser sowie von DDR-Historikern wie Willibald Gutsche vertretene Ansicht, die deutsche Reichsregierung habe spätestens seit dem »Kriegsrat« vom 8. Dezember 1912 zielbewusst auf eine Auslösung eines großen Krieges hingearbeitet, war jedoch überzogen und wird heute nur noch von einigen wenigen Historikern vertreten. Es gab unter den Militärs, aber auch in den rechtsorientierten Verbänden wie dem Alldeutschen Verband, in den beiden konservativen Parteien und der Nationalliberalen Partei, Kräfte, die einen Präventivkrieg befürworteten, Reichskanzler Bethmann Hollweg selbst gehörte bis zur Julikrise jedoch noch nicht dazu.

Der Generalstabschef Alfred Graf von Schlieffen rechnete fest damit, dass Deutschland eines Tages einen Zweifrontenkrieg gegen Frankreich und Russland werde führen müssen. Er entwickelte für einen solchen Krieg einen Plan, der Ende 1905 seine endgültige Gestalt erhielt. Dieser Plan, den Schlieffen seinem Nachfolger, Helmuth von Moltke (dem Jüngeren) in handschriftlicher Form übergab, sah vor: Die Masse der deutschen Armee sollte völkerrechtswidrig überraschend durch die neutralen Länder Belgien, Holland und Luxemburg hindurch in Frankreich eindringen, bis nach Paris vorstoßen, um Paris herum nach Süden und Osten schwenken und die gesamte französische Armee in einer gigantischen Kesselschlacht vernichten. Der ganze Feldzug sollte nur sechs Wochen dauern. Der Plan war letztlich unrealistisch. Schlieffen unterschätzte die Kampfkraft der französischen Armee und überschätzte die möglichen Marschleistungen der deutschen Truppen. Der Plan war weder mit der deutschen Marineführung noch mit der Militärführung des verbündeten Österreich-Ungarn abgestimmt.

Neuere Forschungen von Stig Förster (Bern) haben ergeben, dass Moltke (Neffe des Siegers von 1866 und 1870/1, Helmuth Graf von Moltke) gar nicht an die Realisierbarkeit des Schlieffenplans geglaubt hat. Moltke sah statt eines Feldzugs von einigen Wochen einen Krieg von mindestens eineinhalb bis zwei Jahren voraus. Er hatte begriffen, dass die Vernichtung der starken und militärisch gleichwertigen französischen Armee binnen weniger Wochen, von der Schlieffen geträumt hatte, einfach nicht möglich war.

Moltke hielt trotz seiner Skepsis am Schlieffenplan fest, wobei er den rechten Flügel des deutschen Westheeres zugunsten des linken Flügels schwächte. Schlieffens Idee, neben Belgien und Luxemburg auch die Niederlande zu überfallen, gab Moltke auf. Weil er mit einem längeren Krieg rechnete, wollte er einerseits über die Niederlande eine »Luftröhre« für den deutschen Außenhandel offen halten, andererseits die kriegswichtige Industrie des Saarlandes vor einem Angriff der Franzosen schützen. Moltke betrachtete den Schlieffenplan lediglich als ersten Zug in einem langwierigen Krieg und hoffte, hierbei der französischen Armee schwere Schläge versetzen und so eine günstige Ausgangsposition für den weiteren Krieg erlangen zu können.

Noch besaß das deutsche Kaiserreich auf einigen Gebieten einen Rüstungsvorsprung. Die deutsche Armee konnte schneller mobilisiert werden als die Armeen der Entente. Die deutsche schwere Artillerie des Feldheeres war stark überlegen. Sie verfügte 1914 bei Kriegsbeginn über 1.369 Geschütze, während die Armeen Frankreichs, Russlands und Englands zusammen 528 schwere Geschütze hatten. Die Realisierung der großen Rüstungsprogramme, welche in den Staaten der Entente liefen, musste aber von 1915 an zwangsläufig das militärische Kräfteverhältnis immer stärker zuungunsten des deutsch-österreichischen Blocks verschieben. Einige Wochen vor dem Attentat von Sarajevo (am 20. Mai oder 6. Juni 1914) äußerte Moltke gegenüber dem damaligen Staatssekretär des Auswärtigen Amtes, Gottlieb von Jagow, die folgenden Gedanken, die dieser später aufzeichnete:

> »Die Aussichten in die Zukunft bedrücken ihn [Moltke – G.F.] schwer. In 2 bis 3 Jahren würde Rußland seine Rüstungen beendet haben. Die militärische Übermacht unserer

Feinde wäre dann so groß, daß er nicht wüßte, wie wir ihrer Herr werden könnten. Jetzt wären wir ihnen noch einigermaßen gewachsen. Es bleibe seiner Ansicht nach nichts übrig, als einen Präventivkrieg zu führen, um den Gegner zu schlagen, solange wir den Kampf noch einigermaßen bestehen können. Der Generalstabschef stellte mir demgemäß anheim, unsere Politik auf die baldige Herbeiführung eines Krieges einzustellen.« (Zechlin 97 f.)

Das Zusammenwirken eines Bündels von Entwicklungen und Faktoren hat vor 1914 die Kriegsgefahr stetig erhöht und sollte schließlich den Krieg herbeiführen. Auf die Komplexität der Kriegsursachen (Rivalität der imperialistischen Großmächte, Streben mächtiger Kapitalgruppen nach Beherrschung des Weltmarkts, nach Rohstoffen und Anlagesphären, Wettrüsten, Versuche der Regierenden, von inneren Schwierigkeiten abzulenken) wies der Zeitgenosse Wladimir Lenin bereits im September 1914 hin:

»Der europäische Krieg, den die Regierungen und bürgerlichen Parteien aller Länder jahrzehntelang vorbereitet haben, ist ausgebrochen. Das Anwachsen der Rüstungen, die äußerste Zuspitzung des Kampfes um die Märkte in der Epoche des jüngsten, des imperialistischen Entwicklungsstadiums des Kapitalismus in den fortgeschrittenen Ländern, die dynastischen Interessen der rückständigsten, der osteuropäischen Monarchien mußten unvermeidlich zu diesem Krieg führen und haben zu ihm geführt. Territoriale Eroberungen und Unterjochung fremder Nationen, Ruinierung der konkurrierenden Nation, Plünderung ihrer Reichtümer, Ablenkung der Aufmerksamkeit der werktätigen Massen von den inneren politischen Krisen in Rußland, Deutschland, England und anderen Ländern, Entzweiung und nationalistische Verdummung der Arbeiter und Vernichtung ihrer Vorhut, um die revolutionäre Bewegung des Proletariats zu schwächen – das ist der einzige wirkliche Inhalt und Sinn, die wahre Bedeutung des gegenwärtigen Krieges.« (Lenin, Werke, Bd. 21, 13)

4.
Julikrise und Kriegsausbruch

Im Sommer 1914 gab es in den Regierungen und Militärführungen der europäischen Großmächte jeweils kriegsentschlossene »Falken« und vorsichtigere »Tauben«. Besonders groß war der Einfluss der »Falken« in Deutschland, Österreich-Ungarn und Russland. Die »Falken« hofften, die großen innen- und außenpolitischen Probleme ihrer Länder durch einen erfolgreichen Krieg überspielen zu können.

Österreich-Ungarn hatte vor den beiden Balkankriegen auf dem Balkan eine Vormachtstellung besessen. Diese Position war durch die Ergebnisse der beiden Kriege stark erschüttert worden. Die Militärs um Generalstabschef Conrad und auch Außenminister Leopold Graf Berchtold und seine Berater waren bestrebt, bei erster Gelegenheit die alte Machtposition Österreich-Ungarns mit Waffengewalt wiederherzustellen. Jetzt wollten sie das Attentat von Sarajevo als Vorwand nutzen, einen Angriffskrieg gegen Serbien zu führen und den serbischen Staat zu zerschlagen. Doch hinter Serbien stand dessen Schutzmacht Russland. Österreich-Ungarn konnte deshalb einen Angriff auf Serbien nur dann wagen, wenn ihm die militärische Hilfe Deutschlands sicher war.

Der deutschen Militärführung kam die Situation sehr gelegen. Bereits am 2. Juli 1914 berichtete der sächsische Gesandte in Berlin, Ernst Frhr. von Salza Lichtenau, seinem Außen- und Innenminister Christof Graf Vitztum von Eckstädt, die Militärs seien der Ansicht, »dass wir es zum Kriege, jetzt, wo Russland noch nicht fertig ist, kommen lassen sollten«. (Fischer 1969, 688)

Auch Kaiser Wilhelm II. befürwortete zumindest einen Angriff auf Serbien. Am 3. oder 4. Juli 1914 erhielt er einen

Bericht des deutschen Botschafters in Wien, Heinrich von Tschirschky, vom 30. Juni. Der Diplomat schrieb: seit der Ermordung Franz Ferdinands seien in Wien auch »ernste Leute« der Meinung, »es müsse einmal gründlich mit den Serben abgerechnet werden«. Wilhelm quittierte das mit den Worten »Jetzt oder nie!« Zur Mitteilung des Botschafters, er warne die Wiener Regierenden vor übereilten Schritten, notierte Wilhelm gereizt: »Tschirschky soll den Unsinn gefälligst lassen! Mit den Serben muss aufgeräumt werden, und zwar bald!« (Montgelas, Bd. 1, 11) Dieses Marginal ist offenbar telefonisch an Tschirschky weitergegeben worden, der daraufhin seine Haltung änderte und nun die österreichisch-ungarische Regierung ermunterte, Serbien mit Krieg zu überziehen.

Just am 4. Juli sandte Außenminister Berchtold den Kabinettschef im österreichisch-ungarischen Außenministerium, Alexander Graf Hoyos zu Stüchsenstein, nach Berlin. Hoyos sollte dem Botschafter Österreich-Ungarns, László Graf Szögyényi-Marich, ein Handschreiben des Kaisers Franz Joseph I. an Wilhelm II. und ein ausführliches Memorandum zur Balkanfrage übergeben. Mündlich sollte er dem Botschafter mitteilen, in Wien halte man den Augenblick für gekommen, »eventuell mit Serbien abzurechnen«. Szögyényi sollte in Berlin sondieren, wie man sich in Berlin dazu stellen werde.

Am Vormittag des 5. Juli sprach Hoyos mit dem Botschafter, gegen Mittag übergab dieser die beiden Dokumente Kaiser Wilhelm II. Am Nachmittag des 5. Juli und am 6. Juli beriet der Kaiser sich in Potsdam mit den erreichbaren militärischen und politischen Verantwortlichen. Noch am Nachmittag des 5. Juli empfing er Reichskanzler Bethmann Hollweg und den Unterstaatssekretär im Auswärtigen Amt Arthur Zimmermann. Am Tag darauf hatte Bethmann eine Unterredung mit Hoyos, Szögyényi und Zimmermann.

Noch am 5. Juli berichtete Szögyényi nach Wien über seine Unterredung mit Wilhelm II.:

> »Zuerst versicherte mir Höchstderselbe, dass er eine ernste Aktion unsererseits gegenüber Serbien erwartet habe […]. Nach seiner [Kaiser Wilhelms – G. F.] Meinung muss aber mit dieser Aktion nicht zugewartet werden. Russlands Haltung werde jedenfalls feindselig sein, doch sei er hierauf schon seit Jahren vorbereitet, und sollte es sogar zu einem Krieg zwischen Österreich-Ungarn und Russland kommen, so können wir davon überzeugt sein, dass Deutschland in gewohnter Bundestreue an unserer Seite stehen werde.« (Hölzle 307)

Damit hatte Wilhelm II. den Regierenden in Wien den berüchtigten »Blankoscheck« ausgestellt: er hatte sie zum Angriff auf Serbien ermuntert und ihnen für den Fall, dass Russland eingreifen werde, Waffenhilfe zugesichert. Bethmann Hollweg bestätigte den »Blankoscheck«.

Bethmann Hollweg und seine Berater sahen nach dem Attentat von Sarajevo die Chance, diplomatisch in die Offensive zu gehen und die internationale Position des Kaiserreiches zu verbessern. Da die Wiener Regierenden zum Angriffskrieg gegen Serbien entschlossen waren, wollte man zusammen mit diesem letzten zuverlässigen Bündnispartner eine Kraftprobe mit Russland und Frankreich wagen. Man hoffte, die Entente zu sprengen oder doch zumindest auf ihre Kosten einen Prestigeerfolg zu erringen. Das Risiko, dass die Aktion misslingen und in einen großen Krieg einmünden würde, nahmen Bethmann Hollweg und seine Ratgeber bewusst in Kauf.

Wilhelm II. hatte am 5. Juli in seiner Unterredung mit Szögyényi die Österreicher dazu ermuntert, gegen Serbien loszuschlagen. Der Bericht des Botschafters lässt erkennen, dass der Kaiser hoffte, Russland werde nicht in einen österreichisch-serbischen Krieg eingreifen. Auch Bethmann Hollweg hoffte auf eine »Lokalisierung« des Krieges, doch plagte ihn von Anfang an die böse Ahnung, die »Lokalisierung« werde nicht gelingen. Bereits am 7. Juli sagte er zu seinem Vertrauten Kurt Riezler: eine »Aktion gegen Serbien« könne zum »Weltkrieg« führen. (Erdmann 183)

Die Regierenden in Berlin glaubten, die Aussichten für eine »Lokalisierung« des Krieges seien umso größer, je schneller die Österreicher handeln würden. Am 11. Juli vermerkte Riezler: »Ein schnelles fait accompli, und dann freundlich gegen die Entente, dann kann der Choc ausgehalten werden.« (Erdmann 185) Doch die militärischen Vorbereitungen der Österreicher erforderten Zeit. Obendrein widersetzte sich der mächtige ungarische Ministerpräsident István Tisza zunächst einem Angriffskrieg gegen Serbien. Er wollte verhindern, dass durch eine Annexion serbischen Gebiets die Anzahl der Slawen in der Donaumonarchie wachsen und dadurch das relative Gewicht der Ungarn zurückgehen würde.

Einige Regierungsvertreter in Wien und Berlin rechneten von vornherein nicht mit einer »Lokalisierung« des Krieges und strebten sie auch gar nicht an. So sagte Unterstaatssekretär Zimmermann Anfang Juli zu Hoyos: »Ja 90 Prozent Wahrscheinlichkeit für einen europäischen Krieg, wenn Sie etwas gegen Serbien unternehmen«. (Gasser 112) Und Hoyos ließ den Historiker Oswald Redlich am 15. Juli »im größten Vertrauen« wissen, dass »der Krieg so gut wie beschlossen sei«. Er fuhr fort: »Wenn der Weltkrieg daraus entsteht, so kann uns das gleich bleiben«. (Hölzle 349) Die deutsche Reichsregierung übte ständig Druck auf die österreichisch-ungarische Regierung aus, »energisch« gegen Serbien vorzugehen.

Der deutsche Botschafter in London, Karl Max Fürst Lichnowsky, hat die Reichsregierung immer wieder vor der Illusion gewarnt, Großbritannien werde in einem europäischen Krieg neutral bleiben. Am 15. Juli 1914 schrieb Jagow ihm, eine Aktion Österreichs gegen Serbien sei »die vielleicht letzte Gelegenheit, dem Großserbentum unter verhältnismäßig günstigen Begleitumständen den Todesstoß zu versetzen.« (Hölzle 346)

Ein Privatbrief Jagows an Lichnowsky vom 18. Juli – eins der Schlüsseldokumente der Julikrise – ließ bereits erkennen, dass der Staatssekretär mit der Möglichkeit rechnete, dass die angestrebte »Lokalisierung« nicht gelingen werde:

> »Läßt sich die Lokalisierung nicht erreichen und greift Russland Österreich an, so tritt der casus foederis [die Bündnisverpflichtung – G. F.] ein, so können wir Österreich nicht opfern. Wir ständen dann in einer nicht gerade proud zu nennenden Isolation. Ich will keinen Präventivkrieg, aber wenn der Kampf sich bietet, dürfen wir nicht kneifen.« (Hölzle 357 f.)

In der zweiten und dritten Juliwoche wahrten die Regierungen in Berlin und Wien eine trügerische Ruhe. Generalstabschef Moltke und Admiral Tirpitz setzten demonstrativ ihren Urlaub fort, Kriegsminister Erich von Falkenhayn begab sich in die Sommerfrische. In Österreich nahmen Generalstabschef Conrad und Kriegsminister Alexander Ritter von Krobatin Urlaub.

Am 15. Juli wurde in Wien eine Note an Serbien ausgearbeitet. Sie war bewusst so formuliert, dass die serbische Regierung sie nicht annehmen konnte. So wurde gefordert, dass Organe der österreichischen Regierung berechtigt sein sollten, in Serbien an der Unterdrückung der großserbischen Bewegung und an den Untersuchungen gegen Beteiligte am Attentat von Sarajevo mitzuwirken. Da für den 20. bis 23. Juli ein Staatsbesuch des französischen Präsidenten Raymond Poincaré in St. Petersburg bevorstand, wartete man mit der Übergabe der Note bis zum 23. Poincaré und der ihn begleitende Ministerpräsident René Viviani kehrten auf dem

Seewege nach Frankreich zurück, und so war die Spitze der französischen Staatsführung faktisch für mehrere Tage ausgeschaltet.

Über das Ziel, das die österreichische Regierung mit ihrer Note an Serbien verfolgte, sagte Hoyos, einer ihrer Verfasser, zu Redlich:

> »[...] sie [die Note – G. F.] ist ein 48stündiges Ultimatum und dann beginnt der Krieg: dass Russland mit Serbien geht, ist so gut wie sicher anzunehmen, zumal die revolutionäre Streikbewegung eine Diversion nach außen ratsam macht. Ließe Russland Serbien seinem Schicksal tatenlos anheimfallen, dann würden die Nationalisten den Zaren stürzen. Deutschland aber ist bereit und willens, selbst zum Kriege zu greifen.« (Hölzle 375)

Die serbische Regierung brachte das Kunststück fertig, die österreichische Note binnen 48 Stunden zu beantworten. Sie lehnte lediglich die beiden Punkte ab, in denen es um eine Tätigkeit österreichischer Regierungsorgane in Serbien ging, antwortete aber ansonsten betont entgegenkommend und akzeptierte sämtliche anderen Forderungen Wiens. Trotzdem brach die österreichische Regierung die diplomatischen Beziehungen zu Serbien ab – und von Berlin aus drängte man die Österreicher weiterhin zum Losschlagen.

Die Veröffentlichung der entgegenkommenden serbischen Note bewirkte, dass sich die Position Deutschlands und Österreich-Ungarns deutlich verschlechterte. Bereits am 26. Juli schlug der britische Außenminister Sir Edward Grey vor, eine Konferenz der nicht unmittelbar beteiligten Mächte Großbritannien, Frankreich, Deutschland und Italien solle zwischen Österreich-Ungarn und Serbien vermitteln. Die deutsche Regierung lehnte ab, musste nun aber zu einer flexibleren Taktik übergehen. Am 27. Juli wies Bethmann Hollweg den Botschafter in Wien, Tschirschky, an, auf die Wiener Regierenden einzuwirken, damit sie die Vermittlungsbemühungen der Briten nicht pauschal ablehnten.

Unterdessen setzten sich in den drei Ententestaaten mehr und mehr jene Kräfte durch, die entschlossen waren, dem Krieg, auf den Deutschland offensichtlich zusteuerte, nicht auszuweichen, und die sich gute Siegerchancen ausrechneten. So vermerkte der Berater Greys, Sir Eyre A. Crowe, zu einem Bericht des britischen Botschafters in St. Petersburg, Sir George William Buchanan, vom 24. Juli: »Es ist klar, dass Frankreich und Russland entschlossen sind, den ihnen hingeworfenen Handschuh aufzuheben.« (Hölzle 382)

Am 27. Juli kehrte Kaiser Wilhelm II. vorzeitig und auf eigene Initiative von seiner Nordlandreise zurück. Erst am 28. erhielt er die serbische Antwortnote. Am 24. Juli hatte er die österreichische Note an Serbien noch mit den Worten kommentiert: »bravo! Man hatte es den Wienern nicht mehr zugetraut! [...] Wie hohl zeigt sich der ganze sog. Serbische Großstaat, so ist es mit allen Slawischen Staaten beschaffen! Nur feste auf die Füße des Gesindels getreten!« (Montgelas, Bd. 1, 173)

Jetzt schrieb der Kaiser unter die serbische Antwortnote: »Eine brillante Leistung für eine Frist von blos 48 Stunden. Das ist mehr als man erwarten konnte! Ein großer moralischer Erfolg für Wien; aber damit fällt jeder Kriegsgrund fort, und Giesl [der österreichisch-ungarische Gesandte in Belgrad – G. F.] hätte ruhig in Belgrad bleiben sollen! Daraufhin hätte *ich* niemals Mobilmachung befohlen!« (Montgelas, Bd. 1, 264) Der Kaiser wies Jagow an, den Österreichern nahe zu legen, gegenüber Serbien einzulenken. Er schlug vor, dass die militärischen Operationen der Österreicher sich auf eine Besetzung Belgrads beschränken sollten. Doch es war alles zu spät: eine Stunde darauf erklärte Österreich-Ungarn Serbien den Krieg! Und Kanzler Bethmann Hollweg wartete, bevor er gemäß dem Auftrag Wilhelms nach Wien telegraphierte, ab, bis die Nachricht von der österreichischen Kriegserklärung in Berlin eingetroffen war!

Drei Tage zuvor, am 25. Juli war in St. Petersburg ein Kronrat zusammengetreten. Während der Bosnischen Krise 1908/09, als schon einmal die Gefahr eines deutsch-russischen Krieges drohte, hatte der damalige Kriegsminister, Alexander Fjodorowitsch Rödiger, den Zaren Nikolaus II. bei einer ähnlichen Beratung warnend auf die Schwächen und Mängel des russischen Heeres hingewiesen. Jetzt unterließ Rödigers Nachfolger Wladimir Alexandrowitsch Suchomlinow eine entsprechende Warnung. Man beschloss, das Risiko eines Krieges einzugehen und am folgenden Tag mit der »Kriegsvorbereitungsperiode« zu beginnen.

Die englische Regierung lavierte unterdessen noch. Das hatte vor allem zwei Gründe. Zum einen war das britische Inselreich durch seine überlegene Flotte geschützt. Es stand deshalb im Unterschied zu den Kontinentalmächten nicht unter Zeitdruck. Zum anderen gab es in der englischen Regierung heftige Differenzen. Mehrere Minister forderten, England solle sich aus dem bevorstehenden Krieg heraushalten. Der »Kriegspartei« hingegen (zu deren Führern der Marineminister Winston Churchill gehörte) kam der Kriegskurs der Berliner Regierenden sehr gelegen.

Die deutsche Reichsregierung hatte die Österreicher zur Kriegserklärung an Serbien und zur raschen Eröffnung der militärischen Aktion gedrängt. Sie hatte die Hoffnung auf eine »Lokalisierung« des Krieges noch immer nicht aufgegeben. Dabei hatte Lichnowsky am 26. Juli von neuem gemahnt:

> »Ich möchte dringend davor warnen, an die Möglichkeit der Lokalisierung auch fernerhin zu glauben, und die gehorsamste Bitte aussprechen, unsere Haltung einzig und allein von der Notwendigkeit leiten zu lassen, dem deutschen Volke einen Kampf zu ersparen, bei dem es nichts zu gewinnen und alles zu verlieren hat.« (Hölzle 409 f.)

Bethmann Hollweg hoffte noch, durch eine Einschaltung Großbritanniens einen Ausweg aus der Krise zu erreichen. Die österreichische Regierung war aber nicht bereit, den Krieg gegen Serbien abzubrechen. Bethmann Hollweg drohte schließlich am 30. Juli, Deutschland werde sich, wenn man in Wien den deutschen Empfehlungen keine Beachtung schenke, nicht in einen Weltkrieg stürzen lassen. In der Hauptsache ging es dem Kanzler darum, Großbritannien zu neutralisieren und die Verantwortung für den sich abzeichnenden Krieg Russland zuzuschieben. Am 28. Juli hatte er an Tschirschky telegrafiert:

> »Es ist eine gebieterische Notwendigkeit, dass die Verantwortung für das eventuelle Übergreifen des Konflikts auf die nicht unmittelbar Beteiligten unter allen Umständen Russland trifft. [...] Es handelt sich lediglich darum, einen Modus zu finden, der die Verwirklichung des von Österreich-Ungarn erstrebten Ziels, der großserbischen Propaganda den Lebensnerv zu unterbinden, ermöglicht, ohne gleichzeitig einen Weltkrieg zu entfesseln, und wenn dieser schließlich nicht zu vermeiden ist, die Bedingungen, unter denen er zu führen ist, für uns nach Tunlichkeit zu verbessern.« (Hölzle 422 f.)

Generalstabschef Moltke durchkreuzte die Taktik Bethmann Hollwegs: er forderte Conrad auf, die britische Friedensinitiative abzulehnen und gegen Russland zu mobilisieren. Moltke drängte die Reichsregierung zum Losschlagen, obwohl er – wie er am 28. Juli 1914 an Bethmann Hollweg schrieb – voraussah, dass der Krieg »die Kultur fast des ganzen Europa auf Jahrzehnte hinaus vernichten« würde. (Heidenreich/Neitzel 172)

Russland hatte bereits am 27. Juli eine Teilmobilmachung (der Militärbezirke Kiew, Odessa, Moskau und Kasan) angeordnet. Am 30. Juli rang der von den Militärs bedrängte Außenminister Sergej Sasonow dem widerstrebenden Zaren den Befehl zur Gesamtmobilmachung ab. Es waren vor allem drei Gründe, welche die Regierenden in St. Petersburg zu ihrem riskanten Schritt bewogen: Sie glaubten nicht mehr, dass Deutschland die Österreicher von weiteren militärischen Aktionen gegen Serbien zurückhalten werde. Man meinte, wenn Serbien im Stich gelassen würde, bräche der letzte sichere Stützpfeiler der russischen Balkanpolitik weg. Und man befürchtete, gegenüber dem Mobilisierungstempo Deutschlands zurückzufallen.

Über die Stimmung im französischen Generalstab berichtete der belgische Gesandte in Paris, Baron Paul Guillaume, am 30. Juli, nachdem der sich mit dem Chef des französischen Militärgeheimdienstes, Oberstleutnant Dupont, unterhalten hatte, nach Brüssel: nach Ansicht der französischen Militärs sei der Krieg unvermeidlich, und er sei »ein Glück für die französische Armee«, da »die Gelegenheit günstig sei und Deutschland selbst allem ein Ende machen wolle«. (Hölzle 456)

Bethmann Hollweg klammerte sich noch immer an die Illusion, Großbritannien werde in einem großen europäischen Krieg neutral bleiben. Er sicherte den Briten am 29. Juli zu, dass Deutschland keine Gebietserwerbungen auf Kosten Frankreichs anstreben werde. Dieses gelte freilich nicht für die französischen Kolonien. Am folgenden Tag wies Außenminister Grey den Botschafter in Berlin, Sir Edward

Goschen, an, die Bedingungen Bethmann Hollwegs abzulehnen.

Die Kriegserklärung Österreich-Ungarns an Serbien am 28. Juli hatte in Europa das Räderwerk der Militärbündnisse und militärischen Planungen in Gang gesetzt. Als erste Großmacht mobilisierte Russland am 30. Juli seine Streitkräfte. Daraufhin richtete die deutsche Reichsregierung am 31. Juli an Russland ein auf zwölf Stunden befristetes Ultimatum, in dem sie verlangte, die Mobilmachung rückgängig zu machen. Das Ultimatum blieb unbeantwortet.

Jetzt hatten die Regierenden in Berlin, was sie wollten: eine russische Kriegsdrohung, auf die sie mit einem »Verteidigungskrieg« reagieren konnten. Der bayerische Militärattaché in Berlin, Karl Ritter von Wenninger, berichtete über die Stimmung im preußischen Kriegsministerium: »Überall strahlende Gesichter, Händeschütteln auf den Gängen; man gratuliert sich, dass man über den Graben ist.« (Schulte 207)

Am 1. August ordneten Frankreich und Deutschland die Mobilmachung an, und am gleichen Tage erklärte die deutsche Reichsregierung Russland den Krieg. Am 3. August folgte die deutsche Kriegserklärung an Frankreich. Nachdem der deutsche Botschafter in St. Petersburg, Friedrich Graf von Pourtalès, die Kriegserklärung übergeben hatte, verzögerte sich aus technischen Gründen die Bestätigung dieses Schrittes. Die deutsche Reichsregierung verbreitete deshalb die frei erfundene Behauptung, russische Truppen hätten die Grenze verletzt – um so einen Vorwand für die Eröffnung der Kampfhandlungen gegen Russland zu haben. Es hätte der Logik entsprochen, zunächst Frankreich und erst später Russland den Krieg zu erklären. Dass der Krieg aber tatsächlich zuerst Russland erklärt wurde, hatte innenpolitische Gründe.

Am 2. August stellte die deutsche Reichsregierung Belgien ein Ultimatum, in dem sie für das deutsche Heer freien Durchmarsch durch das Land verlangte. Die Belgier lehnten ab. Das Ultimatum lief am 4. August aus, und im Morgengrauen fielen deutsche Truppen in Belgien ein. Am gleichen Tag trat Großbritannien ohne formelle Kriegserklärung in den Krieg gegen das Deutsche Reich ein.

5.
»Augusterlebnis« und »Burgfrieden«

Bis in die 1990er Jahre hinein konnte man in fast allen Darstellungen zur Geschichte des Ersten Weltkrieges lesen, *die* Deutschen seien im August 1914 begeistert in den Krieg gezogen. So hieß es in der »Deutschen Geschichte« von Thomas Nipperdey:

> »Im August 1914 ergriff eine gewaltige Woge der Kriegsbegeisterung die Deutschen. [...] Die Nation war jetzt der oberste aller Werte. Die nationale Zusammengehörigkeit im Moment von Bedrohung und Krise war ein Urerlebnis. Der Krieg selbst hatte etwas Befreiendes, war ein Aufbruch aus einer als erstickend empfundenen Atmosphäre der Spannungen, der Bürgerlichkeit, der Klassenkonflikte. Kaum jemand konnte sich dieser Stimmung, diesem ›Erlebnis‹ des August 1914 entziehen, nicht die einfachen Leute, Bauern und Arbeiter, und erst recht nicht die Bürger.« (Nipperdey 778 f.)

Neue regional- und lokalgeschichtliche Forschungen haben jedoch erwiesen: das »Augusterlebnis« im Sinne einer Kriegsbegeisterung aller Volksschichten war ein Wunschbild der zeitgenössischen Kriegsapologeten und ist von konservativen Historikern ungeprüft übernommen worden. Von nationalistischer Kriegsbegeisterung wurden in erster Linie das Bürgertum und namentlich die Intelligenz in den Großstädten ergriffen. In den Arbeitervororten, den Grenzregionen in Ost und West und den Gebieten mit einem hohen Anteil nationaler Minderheiten hingegen regte sich kaum Begeisterung. Auf dem Lande überwog eine ernste und bedrückte Stimmung. Die jüngeren Männer wurden einberufen, die Militärbehörden beschlagnahmten einen großen Teil der Pferde. Viele Bauernfamilien wussten nicht, wie sie die Ernte einbringen sollten. In allen Schichten der Bevölkerung überwog aber die Überzeugung, dass man zusammenstehen und das Vaterland verteidigen musste.

Die Frage, wie sich die Sozialdemokratie im Kriegsfall verhalten werde, hat die Regierenden des Kaiserreiches stets tief beunruhigt. Während der ersten Marokkokrise 1905 hatte die Furcht vor der Arbeiterpartei entscheidend dazu beigetragen, dass die regierenden Kreise das Risiko eines Krieges scheuten. Im Jahre 1912 stimmten bei den Reichstagswahlen mehr als vier Millionen Männer für die SPD, und 1913/14 zählte die Partei mehr als eine Million Mitglieder. In der Partei gab es einen radikalen linken Flügel um Rosa Luxemburg und Karl Liebknecht und einen reformistischen rechten Flügel. Dominierende Kraft waren aber die Zentristen. Sie behielten die bisherige revolutionäre Theorie und Rhetorik bei, beschränkten sich in ihrer Praxis aber vorrangig auf parlamentarische Reformarbeit. Nach dem Tode der alten Parteiführer Paul Singer (1911) und August Bebel (1913) wurden der linke Zentrist Hugo Haase und der rechte Zentrist Friedrich Ebert Parteivorsitzende. Diese Doppelspitze stand für innerparteiliche Integration und für geringe Handlungsfähigkeit.

Die II. Internationale hatte im Jahre 1907 auf ihrem Kongress in Stuttgart ein »Manifest über die Kriegsgefahr und die Aufgaben des internationalen Proletariats« angenommen und es dann auf ihren Kongressen in Kopenhagen (1910) und Basel (1912) bestätigt. Darin hieß es:

> »Droht der Ausbruch eines Krieges, so sind die arbeitenden Kreise und deren parlamentarische Vertretungen in den beteiligten Ländern verpflichtet, unterstützt durch die zusammenfassende Tätigkeit des Internationalen Büros, alles aufzubieten, um durch die Anwendung der ihnen am wirksamsten erscheinenden Mittel den Ausbruch des Krieges zu verhindern, die sich je nach der Verschärfung des Klassenkampfes und der Verschärfung der allgemeinen politischen Situation naturgemäß ändern. Falls der Krieg dennoch ausbrechen sollte, ist es die Pflicht, für dessen rasche Beendigung einzutreten und mit allen Kräften dahin zu streben, die durch den Krieg herbeigeführte wirtschaftliche und politische Krise zur Aufrüttelung des Volkes auszunutzen und dadurch die Beseitigung der kapitalistischen Klassenherrschaft zu beschleunigen«. (Dokumente und Materialien 1975, 210 f.)

Am 6. Juni 1913 zeigte sich der Preußische Kriegsminister Josias von Heeringen deshalb überzeugt, die Sozialdemokratie verfolge das Ziel, sich in den Betrieben der Rüstungsindustrie Einfluss zu verschaffen, um sie im Mobilmachungsfall lahm legen zu können. Doch als dann der Krieg begann, zerbrach die II. Internationale. Die imperialistische Machtpolitik und die Woge des Nationalismus waren stärker als die Solidarität der internationalen Arbeiterbewegung.

Noch in der letzten Juliwoche 1914 fanden in Deutschland große Antikriegsdemonstrationen statt, an denen etwa eine Dreiviertelmillion Menschen teilnahmen. Der sozialdemokratische Parteivorstand verurteilte am 25. Juli den Kriegskurs der österreichischen Regierung scharf und rief die deutschen Arbeiter auf, an Friedensdemonstrationen teilzunehmen.

Während die Massendemonstrationen gegen den Krieg anhielten, bahnte sich innerhalb der SPD-Führung ein Kurswechsel an. Der zum rechten Parteiflügel gehörende Albert

Südekum verhandelte am 25. Juli mit Vizekanzler Clemens Delbrück und am 29. Juli mit Reichskanzler Bethmann Hollweg. Nachdem er Friedrich Ebert und weitere Mitglieder der Parteiführung informiert hatte, versicherte Südekum dem Reichskanzler am 29. Juli in einem Brief, dass die Sozialdemokratie keinerlei »wie immer geartete Aktion (General- oder partieller Streik, Sabotage u. dergl.)« gegen den Krieg unternehmen werde. (Deutschland im ersten Weltkrieg, 2004, Bd. 1, 216) Die Reichsregierung hatte am 25. Juli den Befehl, im Kriegsfall die führenden Sozialdemokraten zu verhaften, aufgehoben. Am 29. Juli wies der Vorstand der SPD die Redaktionen der Parteipresse an, die Kritik an der Politik der Reichsregierung einzustellen. Am 2. August ordnete die Führung der freien Gewerkschaften an, alle Streikkämpfe sofort abzubrechen, und bekannte sich so zu einem »Burgfrieden«. Einen Tag später beschloss die Mehrheit der sozialdemokratischen Reichstagsfraktion, die Kriegskredite zu bewilligen. Lediglich 14 Abgeordnete (darunter Karl Liebknecht, Hugo Haase und Georg Ledebour) wollten gegen die Kriegskredite stimmen, beugten sich aber dem Fraktionszwang. Am 4. August stimmte die sozialdemokratische Reichstagsfraktion den Kriegskrediten zu.

Die Fraktionsmehrheit hatte am 3. August eine »Begründung« für ihre Haltung formuliert. Hugo Haase, der zuvor gegen eine Zustimmung zu den Kriegskrediten votiert hatte, verlas dann am 4. die »Begründung« im Reichstag. Deren Kernsatz lautete: »Wir lassen in der Stunde der Gefahr das eigene Vaterland nicht im Stich.«

Reichskanzler Bethmann Hollweg hatte sich große Mühe gegeben, die Meinungsbildung bei der Sozialdemokratie zu beeinflussen. Auf die Frage des Reeders Albert Ballin, weshalb er es denn mit der Kriegserklärung an Russland so eilig habe, hatte er geantwortet: »Sonst kriege ich die Sozialdemokraten nicht mit.« (Deutschland im ersten Weltkrieg, 2004, Bd. 1, 224)

Für die Führung der SPD bildete die Überzeugung, das Kaiserreich führe gegen das zaristische Russland einen gerechten Verteidigungskrieg, in der Tat ein entscheidendes Motiv. Bei den führenden Vertretern des rechten Parteiflügels kam Kalkül hinzu: sie wollten demonstrieren, dass die Sozialdemokraten keine »Reichsfeinde« waren, und sie rechneten auf politische und soziale Reformen als Belohnung für ihr Wohlverhalten.

Die Reichsregierung honorierte die Haltung der SPD und der freien Gewerkschaften mit einigen eher geringfügigen Zugeständnissen. So wurden die Staatsbetriebe angewiesen, künftig bei ihren Beschäftigten die Mitgliedschaft in SPD und freien Gewerkschaften zu dulden. Den Verwaltungsbehörden wurde empfohlen, Partei- und Gewerkschaftsmitgliedern die Übernahme kommunaler Ämter zu ermöglichen. Arbeiter, die wegen Streikpostenstehens oder wegen »Anreizens« zum Streik verurteilt worden waren, wurden amnestiert.

Auch die österreichischen und französischen Sozialisten sowie die britische Labour Party stimmten den Kriegskrediten ihrer Regierungen zu. Die russischen und serbischen Sozialisten hingegen lehnten sie ab, die italienischen noch im Jahre 1915.

6.
Kriegsverlauf 1914 und 1915

Im August 1914 marschierte das deutsche Feldheer gemäß dem modifizierten Schlieffenplan auf. 58 Divisionen (die 1. bis 5. Armee) wurden für den Angriff gegen Frankreich bereitgestellt, 17 Divisionen (die 6. und 7. Armee) standen in Elsass-Lothringen, 10 Divisionen (die 8. Armee) in Ostpreußen. Am 2. August wurde das neutrale Luxemburg besetzt, am 4. August begann der Überfall auf das neutrale Belgien. Bis zum 25. August wurde fast ganz Belgien besetzt. Die fünf Armeen des deutschen rechten Flügels rissen die strategische Initiative an sich und rückten in Nordfrankreich rasch vor. In einer Serie so genannter Grenzschlachten siegten sie über die französischen und britischen Truppen. Es gelang ihnen aber nicht, stärkere gegnerische Kräfte abzuschneiden und einzukesseln. Die französischen und britischen Truppen leisteten zähen Widerstand und zogen sich geordnet zurück.

Während ihres Vormarschs durch Belgien und Nordfrankreich im August gingen die deutschen Truppen mit brutaler Härte gegen vermeintliche Franctireurs (Partisanen) vor und erschossen zahlreiche Geiseln. Am 23. August richteten sie in der belgischen Stadt Dinant ein Blutbad an, dem 674 Zivilisten zum Opfer fielen, etwa ein Zehntel der Gesamtbevölkerung des Ortes. Auch in anderen Orten kam es zu Massakern. Insgesamt wurden 5.521 belgische und 906 französische Zivilisten getötet. Die Universitätsbibliothek von Löwen mit ihrer wertvollen Sammlung von Handschriften aus dem Mittelalter wurde von deutschen Soldaten vorsätzlich zerstört.

Anfang September standen deutsche Truppen 40 Kilometer vor Paris. Durch hohe Verluste, die Strapazen des schnellen Vormarsches und wachsende Nachschubschwierigkeiten war ihre Kampfkraft erheblich gesunken. Obendrein waren vier Armeekorps zur Belagerung von Maubeuge und Antwerpen abgezogen oder nach Ostpreußen entsandt worden. Der rechte Flügel des deutschen Heeres zählte mittlerweile nur noch 51 Divisionen. 65½ französische und englische Divisionen standen ihnen gegenüber. Zwischen der deutschen 1. und 2. Armee war eine Lücke von fast 40 Kilometern entstanden, in die ab dem 6. September britische und französische Truppen hineinstießen. Vom 9. September an mussten die deutschen Armeen sich auf die Linie Noyon – Reims – Verdun zurückziehen. Am 14. September wurde Generalstabschef Helmuth von Moltke durch Erich von Falkenhayn abgelöst. Die Schlacht an der Marne bedeutete eine entscheidende Wende im Kriegsverlauf, war doch der Blitzkriegsplan nunmehr unwiderruflich gescheitert. In einem längeren Zwei- oder Mehrfrontenkrieg aber mussten die größeren Menschen- und Materialreserven der Entente immer stärker ins Gewicht fallen. Um von der strategischen Niederlage an der Marne abzulenken, bauschte die deutsche Propaganda die Bedeutung des Sieges auf, den die deutsche 8. Armee im August bei Tannenberg über russische Truppen errang.

Gegen die 8. Armee rückten von Osten und Süden her zwei jeweils überlegene russische Armeen heran: die 1. (Njemen-)Armee und die 2. (Narew)-Armee. Am 20. August wurde die 8. Armee von der Njemen-Armee bei Gumbinnen in eine verlustreiche Schlacht verwickelt. Der deutsche Oberbefehlshaber, Max von Prittwitz und Gaffron, geriet in Panik. Er brach den Kampf ab und sagte am Telefon zu Generalstabschef Moltke, ganz Ostpreußen sei verloren. Moltke setzt den General daraufhin ab und ernannte den Generalmajor Erich Ludendorff zum Stabschef der 8. Armee. Er suchte einen möglichst phlegmatischen General, der als nomineller Oberbefehlshaber fungieren und dem energiegeladenen Ludendorff freie Hand lassen sollte. Die Wahl fiel auf den 66-jährigen Paul von Hindenburg, der bereits pensioniert war.

Ludendorff entwarf den riskanten Plan, sämtliche verfügbaren Kräfte gegen die Narew-Armee zu konzentrieren – in der Hoffnung, dass die Njemen-Armee bis zur Entscheidung nicht eingreifen werde. Zwischen dem 26. und 30. August gelang es der 153.000 Mann starken 8. Armee, die 191.000 Mann starke Narew-Armee einzukesseln und zu zerschlagen. 92.000 russische Soldaten gerieten in Gefangenschaft. Die Schlacht bei Tannenberg war ein glänzender militärischer Erfolg, die einzige gelungene Kesselschlacht des Ersten Weltkrieges.

Viel schwerer als der Erfolg auf dem Nebenkriegsschauplatz Ostpreußen fiel aber die katastrophale Niederlage ins Gewicht, welche die russischen Armeen im September in Galizien dem österreichisch-ungarischen Heer zufügten. Die österreichischen Truppen verloren insgesamt 350.000 Mann und mussten ganz Galizien räumen. Bereits im August war eine österreichische Offensive gegen Serbien fehlgeschlagen.

Durch die Propaganda gefördert, bildete sich in Deutschland der Mythos vom angeblich unbesiegbaren »Feldherrenpaar« Hindenburg-Ludendorff. Zwischen Ludendorff und Generalstabschef Falkenhayn entstand Rivalität und schließlich erbitterte Feindschaft. Der »Ermattungsstratege« Falkenhayn rechnete seit Herbst 1914 nicht mehr mit einem militärischen Sieg der deutschen Seite. Er befürwortete einen Kompromissfrieden und wandte sich deshalb gegen Annexionsforderungen. Ludendorff hingegen glaubte fest daran, dass Deutschland siegen könne, entwickelte Annexionsprogramme und verwaltete die eroberten litauisch-weißrussischen Gebiete wie eine künftige deutsche Ostkolonie.

An der Westfront versuchten beide Seiten Ende September bis Mitte Oktober vergeblich, die gegnerische Nordflanke zu umfassen (»Wettlauf zum Meer«). Ende Oktober bis

Ende November scheiterten in Flandern zwei große Angriffsoperationen der deutschen Armee. Generalstabschef Falkenhayn hatte dabei Verbände eingesetzt, die überwiegend aus jungen Kriegsfreiwilligen bestanden. Diese Freiwilligen waren nur flüchtig ausgebildet worden und unzureichend ausgerüstet. Sie erlitten schwere Verluste, so am 10. November beim Sturm auf das Dorf Langemarck. Ende 1914 erstarrte die Front im Westen wie im Osten im Stellungskrieg. Dabei blieb im Westen der Frontverlauf bis zum Frühjahr 1918 nahezu unverändert.

Im August 1914 stellte Japan sich auf die Seite der Entente. Im November eroberte es Kiautschou. Am 2. November erklärte die britische Regierung völkerrechtswidrig die gesamte Nordsee zum militärischen Sperrgebiet. Die englische Flotte blockierte fortan die Ausgänge der Nordsee. Diese Fernblockade zu durchbrechen, war für die deutsche Flotte unmöglich. Durch die englische Wirtschaftsblockade wurde Deutschland die Zufuhr von Rohstoffen, Lebensmitteln und Futtermitteln weitgehend abgeschnitten.

Anfang November trat die Türkei als Bundesgenosse der so genannten Mittelmächte Deutschland und Österreich-Ungarn in den Krieg ein und eröffnete im Kaukasus und in Palästina neue Fronten.

Im April 1915 landeten britische und französische Truppen auf der türkischen Halbinsel Gallipolli (Gelibolu). Gelang es ihnen, Gallipolli zu erobern, dann war für die britisch-französische Flotte der Weg nach Konstantinopel frei. Es wäre dann möglich gewesen, Russland über das Schwarze Meer mit Kriegsmaterial zu versorgen, und wahrscheinlich hätte die Türkei aus dem Krieg ausscheiden müssen. Die Operation scheiterte jedoch, weil die türkischen Truppen erbitterten Widerstand leisteten.

Gleichfalls im April leiteten die Machthaber der Türkei den Völkermord an den christlichen Armeniern ein. Sie ließen Hunderttausende von Armeniern vom Nordosten des Reiches in den Süden deportieren. Die Deportationen waren Todesmärsche, auf denen die meisten der armenischen Männer, Frauen und Kinder massakriert wurden oder verdursteten und verhungerten. Es wird geschätzt, dass dem Genozid 1,5 Millionen Menschen zum Opfer fielen. Die deutsche Reichsregierung deckte den Völkermord.

Im Jahre 1915 verlagerten die Mittelmächte das Schwergewicht der Kriegsführung auf den osteuropäischen Kriegsschauplatz. Im April 1915 wurden im Frontabschnitt zwischen Gorlice und Tarnów starke deutsche und österreichische Kräfte mit einer weit überlegenen schweren Artillerie konzentriert. Anfang Mai gelang es diesen Truppen, die russischen Stellungen zu durchbrechen und zum Bewegungskrieg überzugehen. Bis zum September eroberten die deutschen und österreichisch-ungarischen Truppen Galizien, die Bukowina, Polen, Litauen und Kurland. Die russische Armee erlitt sehr schwere Verluste. Die Mittelmächte erreichten aber ihr strategisches Ziel nicht, große Teile des russischen Heeres einzukesseln und Russland zum Abschluss eines Separatfriedens zu zwingen.

An der Westfront scheiterten im Februar/März, Mai/Juni und September/Oktober in der Champagne und im Artois alle Versuche der englischen und französischen Truppen, die deutschen Stellungen zu durchbrechen. Bei einer Gegenoffensive im Raum von Ypern ließ die deutsche Militärführung entgegen dem Völkerrecht Giftgas (verflüssigtes Chlorgas) einsetzen. Im weiteren Verlauf des Krieges verwendeten beide kämpfende Seiten in steigendem Umfang das grausame neue Kampfmittel.

Im Mai mussten die Mittelmächte eine neue große Front aufbauen. Italien, dem die Entente unter anderem Südtirol sowie Teile von Dalmatien und Kleinasien versprochen hatte, erklärte Österreich-Ungarn den Krieg. Trotz großer zahlenmäßiger Überlegenheit rannten die italienischen Truppen erfolglos gegen die österreichisch-ungarischen Stellungen am Isonzo an.

Im Oktober verbündete sich Bulgarien mit den Mittelmächten. Von Oktober bis Dezember eroberten deutsche, österreich-ungarische und bulgarische Truppen ganz Serbien. Damit war eine Landverbindung von Deutschland nach der Türkei hergestellt. Das zwang die englischen und französischen Truppen, die auf Gallipoli gelandet waren und seitdem einen blutigen Stellungskrieg gegen türkische Truppen führten, zum Rückzug.

Anfang Februar hatte der Admiralstab mit Billigung der Reichsregierung die Gewässer um die Britischen Inseln zum »Kriegsgebiet« erklärt. Mit dem Ziel, England die lebensnotwendige Zufuhr von Lebensmitteln und Rohstoffen abzuschneiden, sollten vorerst 21 U-Boote rigoros gegen die Handelsschifffahrt von und nach britischen Häfen vorgehen. Angesichts der Proteste davon mitbetroffener Neutraler wurde das Vorgehen der U-Boote dann mehr oder minder starken Einschränkungen unterworfen. Am 7. Mai torpedierte ein deutsches U-Boot den englischen Passagierdampfer »Lusitania«, der auch große Mengen Munition an Bord hatte. 1.198 Menschen, darunter 120 Amerikaner, fanden den Tod. Als sich die hochgespannten Erwartungen in den Einsatz der U-Boote nicht erfüllten, die Versenkung des Passagierdampfers »Arabic« hingegen wiederum zu Spannungen mit den USA führte, wurde im September der U-Boot-Handelskrieg für mehrere Monate faktisch eingestellt.

7.
Die Kriegszieldebatte 1914–1915

Sobald im August 1914 die ersten Siegesmeldungen eintrafen, setzte in Deutschland eine Flut von Denkschriften ein, in denen Kriegsziele formuliert wurden. Den Anfang machte der Schwerindustrielle Hermann Röchling. Am 31. August 1914 schlug Röchling in einem Schreiben an den Statthalter von Elsass-Lothringen, Johann von Dallwitz, vor, das Bergbaurevier von Longwy-Briey zu annektieren. Dallwitz leitete die Eingabe an Reichskanzler Bethmann Hollweg weiter. Am 2. September folgte eine Denkschrift des Zentrumspolitikers Matthias Erzberger, der ein Lobbyist des Thyssen-Konzerns war. Erzberger schlug gleichfalls vor, die Region Longwy-Briey zu annektieren, dazu Belgien in einen deutschen Vasallenstaat zu verwandeln. Vier Tage später übergab Erzberger eine Denkschrift August Thyssens, in der die Annexion Belgiens, eines breiten Streifens französischen Gebiets, des Baltikums, von Teilen Polens und des Dongebiets, der Krim und des Kaukasus gefordert wurden.

Bereits am 28. August hatte der Geschäftsführende Ausschuss des Alldeutschen Verbands über die Kriegsziele beraten. Die Beratung war vom Direktor der Krupp AG, Alfred Hugenberg, angeregt worden. Der Vereinsvorsitzende Heinrich Claß arbeitete eine ausführliche Kriegszieldenkschrift aus, für die er die Zustimmung von Schwerindustriellen wie Hugo Stinnes und Emil Kirdorf einholte. Am 18. September lag die Denkschrift in vervielfältigter Form vor.

Claß forderte darin die Errichtung eines großen deutschen Kolonialreichs in Afrika und in Europa die Annexion Belgiens, französischer Gebiete von Belfort bis zur Kanalküste, des Baltikums und eines »Grenzstreifens« in Polen. Aus den Territorien, die Frankreich und Russland abtreten müssten, solle die ansässige Bevölkerung vertrieben werden, und es sollten deutsche Bauern angesiedelt werden. Claß nannte das zynisch »völkische Feldbereinigung«. Die Juden, die in den zu annektierenden Gebieten lebten, sollten nach Russland und Palästina abgeschoben werden. Des Weiteren sollten Polen, Finnland und eventuell die Ukraine von Russland abgetrennt werden.

Die realitätsferne Maßlosigkeit der Forderungen von Claß und auch sein Vokabular muten wie ein Vorgriff auf Expansionsziele und Propaganda der Nationalsozialisten an. In der Tat hat Adolf Hitler im Dezember 1920 bei einer Unterredung mit Claß diesem die Hände geküsst und erklärt: er sei dessen treuester Schüler.

Reichskanzler Bethmann Hollweg verbot die öffentliche Kriegszieldebatte und legte sich selbst nicht fest. Im rechten Lager trug ihm das den Ruf ein, ein »Flaumacher« zu sein, der einen »faulen Frieden« anstrebe und obendrein der SPD unmäßige Zugeständnisse mache. In Wirklichkeit hatte der Kanzler bereits am 9. September 1914 ein geheimes amtliches Kriegszielprogramm fixiert. In diesem »Septemberprogramm« wurden gefordert: die Annexion von Longwy-Briey, die Umwandlung Belgiens in einen deutschen Vasallenstaat, die Schaffung eines großen deutschen Kolonialreiches in Mittelafrika. Österreich-Ungarn, Frankreich, Belgien, die Niederlande, Dänemark, Polen, eventuell auch Italien, Schweden und Norwegen sollten einem mitteleuropäischen Wirtschaftsverband unter deutscher Führung angegliedert werden.

Trotz des Verbots der öffentlichen Diskussion über die Kriegsziele heizte das rechte Lager den Streit um die Kriegsziele an. Man umging das Verbot, indem man Kriegszieldenkschriften in großer Stückzahl herstellte und »vertraulich« versandte.

Die Akteure der alldeutsch-schwerindustriellen Kriegszielbewegung wussten, dass Bethmann Hollweg keine umfangreichen direkten Annexionen anstrebte. Sie beschlossen, auf ihn Druck auszuüben, und so richteten am 10. März 1915 der Bund der Landwirte, der Deutsche Bauernverband, der Centralverband deutscher Industrieller, der Bund der Industriellen und der Reichsdeutsche Mittelstandsverband an den Reichstag eine Kriegszieleingabe, in der die alldeutsch-schwerindustriellen Forderungen vom September 1914 wiederholt wurden. Am 20. Mai 1915 legten die Wirtschaftsverbände ihre Denkschrift, der sich mittlerweile auch die Christlichen Bauernvereine angeschlossen hatten, in erweiterter Form erneut vor.

Um den Druck auf die Reichsregierung zu erhöhen, organisierte der Alldeutsche Verband eine Kriegszieldenkschrift der bürgerlichen Intelligenz. Sie wurde von 1.347 Personen unterschrieben, größtenteils Professoren. Die Forderungen der Denkschrift entsprachen in etwa denen des alldeutsch-schwerindustriellen Lagers. Ihre Autoren hatten sich bemüht, »ethische« Begründungen für die geforderten Annexionen in Osteuropa zu liefern. So hatten sie erklärt: es gelte, die deutsche Kultur gegen eine »Barbarenflut aus dem Osten« zu verteidigen. Am 8. Juli 1915 wurde die Eingabe dem Reichskanzler übergeben.

Die flexible, eher liberal orientierte Strömung des deutschen Bürgertums betrachtete die Forderungen des alldeutsch-schwerindustriellen Lagers als unrealistisch. Sie lehnte dessen Annexionsbestrebungen ab. Bereits am 7. September 1914 hatte der Direktor der AEG, Walther Rathenau, dem Reichskanzler eine Denkschrift vorgelegt, in der er die Errichtung eines mitteleuropäischen Wirtschaftsverbands unter deutscher Führung vorschlug. Zu Wortführern der flexiblen Strömung wurden der Historiker Hans Delbrück und der Bankier Bernhard Dernburg. Beide legten dem Reichskanzler am 27. Juli 1915 die so genannte Delbrück-Dernburg-Petition vor, in der sie den Kriegszielforderungen des alldeutsch-schwerindustriellen Lagers entgegentraten. Wie auch Friedrich Naumann in seinem erfolgreichem Buch »Mitteleuropa« strebten sie eine indirekte Hegemonie Deutschlands über weite Teile Europas an.

Auch in Österreich-Ungarn und den Staaten der Entente verfolgte man imperialistische Kriegsziele. Die Regierenden Österreich-Ungarns wollten Serbien zerschlagen und ihre Vormachtstellung auf dem Balkan errichten. Die russische Regierung strebte die Eroberung der türkischen Meerengen und Ost-Galiziens an, die französische Regierung wollte Elsass-Lothringen zurückgewinnen und das Saargebiet annektieren. Die Regierung Großbritanniens wollte die Bedrohung durch die deutsche Kriegsflotte beseitigen und den Einfluss Deutschlands im Nahen Osten zurückdrängen.

Im weiteren Verlauf des Krieges beharrten das alldeutsch-schwerindustrielle Lager und die III. Oberste Heeresleitung stur auf ihren Annexionsforderungen, die Reichsregierung lavierte. Auf Drängen der III. Obersten Heeresleitung fand am 23. April 1917 in Kreuznach eine Beratung über die Kriegsziele statt. Man vereinbarte: Kurland, Litauen, ein »Grenzstreifen« in Polen, die Region Longwy-Briey und Luxemburg sollten annektiert werden. Belgien solle »in deutsche militärische Kontrolle genommen werden«, Lüttich und die flandrische Küste sollten annektiert werden. Auf »Verdeutschung« des Grenzstreifens in Polen sei »hinzustreben«. Reichskanzler Bethmann Hollweg unterschrieb die Vereinbarung, hielt aber in einer internen Aktennotiz fest, er lasse sich dadurch »natürlich in keiner Weise binden«. Am Kriegsziel, Belgien in einen deutschen Vasallenstaat zu verwandeln und einen Teil davon zu annektieren, hielten Bethmann Hollweg und seine Nachfolger trotz der für sie immer ungünstiger werdenden Kriegsaussichten fest.

8.
Die Entwicklung der Antikriegsopposition 1914–1915

Die Entscheidung der sozialdemokratischen Reichstagsfraktion vom 4. August kam selbst für viele linke Sozialdemokraten völlig überraschend. Jacob Walcher, ein Redakteur der »Schwäbischen Tagwacht«, schrieb: »Uns linke Sozialdemokraten traf diese entsetzliche Meldung mit betäubender Wucht. Viele hielten sie für ausgemachten Schwindel. Alle waren im Innersten erschüttert und empört.« (Laschitza 2007, 240)

Doch bereits am Abend des 4. August kam es in Berlin in der Wohnung Rosa Luxemburgs zu einem Treffen führender Linker. Es nahmen teil: Hermann Duncker, Hugo Eberlein, Julian Marchlewski, Franz Mehring, Ernst Meyer und Wilhelm Pieck. Die Teilnehmer verurteilten die Bewilligung der Kriegskredite und berieten über die Aufgaben, die sich aus der neuen Situation ergaben.

Schon bald begann in kleinen Zirkeln der Arbeiterbewegung der Protest gegen die Kriegspolitik der Regierenden. In den folgenden Monaten formierten sich in mehreren Städten linke Gruppen. In Berlin entstand neben der Gruppe um Karl Liebknecht und Rosa Luxemburg eine Gruppe um Julian Borchardts Zeitschrift »Lichtstrahlen«. Ihre Mitglieder nannten sich »Internationale Sozialisten Deutschlands«. Die »Bremer Linksradikalen« scharten sich um Johann Knief, die

Hamburger um Heinrich Laufenberg und Fritz Wolffheim. Besonders einflussreich waren die Linken in Stuttgart, wo Arthur Crispien, Edwin Hoernle, Walcher, Friedrich Westmeyer und Clara Zetkin wirkten. In Braunschweig sammelten sich die Linken um August Thalheimer, in Chemnitz um Heinrich Brandler und Fritz Heckert, in Dresden und Pirna um Otto Rühle, in Gotha um Otto Geithner, in Leipzig um Georg Schumann, am Niederrhein um Carl Minster.

Die Linken waren bestrebt, die Bevölkerung, insbesondere die Arbeiter, über die Ursachen des Krieges und die Ziele der herrschenden Kreise aufzuklären, die Lüge vom deutschen »Verteidigungskrieg« zu widerlegen. So sollte der Boden für künftige Aktionen gegen die Kriegspolitik bereitet werden. Im Bildungsausschuss des sozialdemokratischen Wahlvereins Niederbarnim besaßen die Linken einen starken Einfluss. Dieser Ausschuss gab Referenten- und Schulungsmaterial heraus, das seit September 1914 illegal verbreitet wurde.

Die Möglichkeiten der Linken, ihre Auffassungen zu verbreiten, waren sehr begrenzt. Fast alle sozialdemokratischen Zeitungen waren fest in der Hand der Parteirechten, die bestrebt waren, die Linken zu isolieren. Eine der wenigen Zeitungen, die Beiträge der linken Kriegsgegner veröffentlichten, war die »Schwäbische Tagwacht«. Doch Anfang November 1914 entließ der württembergische Landesvorstand der SPD die linken Redakteure Arthur Crispien, Edwin Hoernle und Jacob Walcher und setzte den rechten Sozialdemokraten Wilhelm Keil als Chefredakteur ein. Im Ausland erfuhr man von der Antikriegsbewegung in Deutschland vor allem aus der »Berner Tagwacht«, die zu einem Sprachrohr der deutschen Linken geworden war. Häufig denunzierten Vertreter der Parteirechten Kriegsgegner und offene Kritiker der Parteiführung bei den Behörden, was vielfach zu Einberufungen führte.

Bereits am 31. Juli 1914 hatte die Reichsregierung gemäß Artikel 68 der Reichsverfassung den Kriegszustand erklärt. Damit war auch das preußische Gesetz über den Belagerungszustand vom Jahre 1851 in Kraft getreten, und die vollziehende Gewalt im Reich auf die 62 Militärbefehlshaber (die Stellvertretenden Kommandierenden Generale der Militärbezirke und die Festungskommandanten) übergegangen. Die Zivilbehörden blieben in ihren Funktionen, mussten aber seitdem den Anweisungen der Militärbefehlshaber Folge leisten. Diese schränkten das Vereins- und Versammlungsrecht ein und übten speziell gegenüber den Linken eine rigorose Pressezensur.

Neben der sozialistischen Antikriegsbewegung begann sich auch eine bürgerliche zu formieren. Ihre Zentren waren die Deutsche Friedensgesellschaft und der entschiedenere Bund Neues Vaterland. Dieser Bund wurde am 16. November 1914 in Berlin von zehn pazifistischen Demokraten gegründet. Er verfolgte nicht das Ziel, eine Massenbewegung zu schaffen. Im Herbst 1915 zählte der Bund 135 Mitglieder, zumeist aus dem Bürgertum, aber auch aus dem Adel, dem Kleinbürgertum und der Intelligenz. Zu seinen bekanntesten Mitgliedern zählten Eduard Bernstein, Rudolf Breitscheid, Minna Cauer, Albert Einstein, Kurt Eisner, Eduard Fuchs, Helmut von Gerlach, Gustav Landauer, Ernst Meyer, Anton Graf von Monts, Ludwig Quidde, Ernst Reuter, René Schickele und Kurt von Tepper-Laski.

Unter ihnen gab es eine große Spannweite der politischen Positionen. Ernst Meyer zählte zu den führenden revolutionären Linken, Graf Monts hingegen war deutscher Botschafter in Rom gewesen, und Kaiser Wilhelm II. hatte zeitweise erwogen, ihn zum Reichskanzler zu ernennen. Einig waren sich die Mitglieder des Bundes in dem Streben, den mörderischen Krieg zu beenden und eine demokratische Nachkriegsordnung – eben ein »neues Vaterland« – zu errichten. Zwischen dem Bund und Karl Liebknecht bestand ein enger Kontakt. Der Bund Neues Vaterland führte mit zahlreichen Flugschriften wie auch mit Eingaben an den Reichstag und den Reichskanzler einen entschiedenen Kampf gegen die annexionistische Kriegspolitik.

Analog dem Zusammenbruch der II. Internationale endete 1914 die internationale Zusammenarbeit der Friedensgesellschaften. In allen kriegführenden Staaten wurden dann die pazifistischen Organisationen von den Militärbehörden überwacht und unterdrückt. Im Verlaufe des Krieges schwand die frühere Distanz zwischen bürgerlichen Pazifisten und sozialistischen Kriegsgegnern. In Großbritannien fanden sich bürgerliche Pazifisten und Politiker der Independent Labour Party in der Union of Democratic Control zusammen. Zu den Aktivisten der britischen Antikriegsopposition gehörten der Philosoph und Mathematiker Bertrand Russel, der Gewerkschaftsführer und Sozialist Keir Hardy und die Frauenrechtlerin Sylvia Pankhurst.

Anfang Dezember 1914 musste der Reichstag über weitere Kriegskredite entscheiden. Am 29. und 30. November beriet die sozialdemokratische Fraktion über ihre Haltung. Gegen 17 Stimmen beschloss sie, die Kredite zu bewilligen. Karl Liebknecht rang unermüdlich darum, die Abweichler für ein gemeinsames Votum gegen die Kredite zu gewinnen. Er arbeitete hierfür eine Erklärung aus, blieb aber dann doch allein.

Während der Abstimmung am 2. Dezember bekundeten die Abgeordneten aller Fraktionen ihre Zustimmung zu den

Kriegskrediten, indem sie sich von ihren Plätzen erhoben. Lediglich Karl Liebknecht blieb sitzen. Es wurde ihm nicht gestattet, sein »Nein« zu begründen. Er reichte deshalb dem Reichspräsidenten seine Erklärung ein. Der weigerte sich aber, den Text in das Protokoll aufnehmen zu lassen. Die Linken gaben dann noch im Dezember den Text als illegales Flugblatt heraus. In Liebknechts Erklärung hieß es:

»Unter Protest ... gegen den Krieg, seine Verantwortlichen und Regisseure, gegen die kapitalistische Politik, die ihn heraufbeschwor, gegen die kapitalistischen Ziele, die er verfolgt, gegen die Annexionspläne, gegen den Bruch der belgischen und luxemburgischen Neutralität, gegen die Militärdiktatur, gegen die soziale und politische Pflichtvergessenheit, deren sich die Regierung und die herrschenden Klassen auch heute noch schuldig machen, lehne ich die geforderten Kriegskredite ab.« (Dokumente und Materialien 1958, 65)

Die Tat Liebknechts fand weit über die deutschen Grenzen hinaus Beachtung. Auch in Briefen, so aus Dänemark, den Niederlanden und den USA wurde ihm hohe Wertschätzung bezeugt.

Angesichts des Widerhalls, den Liebknechts »Nein« gerade bei jungen Parteimitgliedern fand, notierte der rechte Sozialdemokrat Eduard David wütend in sein Tagebuch: »Es ist kein gemeinsamer Boden mehr da. Bleiben diese Leute in der Partei, so werden sie die ganze Position des 4. August versauen und jeden vernünftigen ferneren Schritt erschweren oder ganz unmöglich machen.« (Kriegstagebuch David, 84 f.)

Nach Karl Liebknechts aufsehenerregender Tat vom 2. Dezember verschärften die Behörden ihr Vorgehen gegen die Linken. Am 7. Februar 1915 erhielt Liebknecht den Gestellungsbefehl, am 21. März musste er zu einem Armierungsbataillon einrücken, das in Lothringen stationiert war.

Es wurde ihm verboten, an politischen Veranstaltungen teilzunehmen und sich agitatorisch zu betätigen.

Am 18. Februar 1915 wurde Rosa Luxemburg verhaftet. Sie war im Februar 1914 wegen antimilitaristischer Äußerungen zu einem Jahr Gefängnishaft verurteilt worden, hatte die Haft aber bisher nicht antreten müssen. Jetzt wurde sie in das Berliner Frauengefängnis eingeliefert.

Rosa Luxemburg hatte den Plan entwickelt, eine Zeitschrift als marxistische Plattform für die über das ganze Reich verstreuten Linken herauszubringen. Am 5. März 1915 trafen sich dann in Berlin in der Wohnung Wilhelm Piecks Arthur Crispien, Käte und Hermann Duncker, Franz Mehring und Otto Rühle. Sie berieten über den Plan und begannen damit, für den Vertrieb der Zeitschrift ein Netz von Vertrauensleuten aufzubauen. Bis zum Sommer 1915 konnten dann ständige Kontakte zu etwa 300 Orten hergestellt werden.

Karl Liebknecht musste jeweils zu den Reichstagssitzungen beurlaubt werden. Als am 20. März das Parlament über neue Kriegskredite entschied, stimmten Liebknecht und Rühle dagegen. 30 Mitglieder der SPD-Fraktion, allesamt Zentristen, verließen vor der Abstimmung den Saal und enthielten sich so der Stimme.

Am 14. April konnte das erste Heft der neuen Zeitschrift, über die man am 5. März beraten hatte, erscheinen. Die Zeitschrift nannte sich »Die Internationale. Eine Monatsschrift für Praxis und Theorie des Marxismus«. Sie enthielt unter anderem Beiträge von Rosa Luxemburg, Franz Mehring, Clara Zetkin und Julian Marchlewski. Bereits am Erscheinungstag konnten in Berlin 4.000 Exemplare verkauft werden. Die Behörden stellten die Zeitschrift unter Vorzensur, deshalb verzichteten die Linken darauf, weitere Nummern herauszugeben. Nach dem Namen der Zeitschrift wurden die Linken um Karl Liebknecht und Rosa Luxemburg fortan »Gruppe Internationale« genannt.

Im Gefängnis verfasste Luxemburg die Schrift »Die Krise der Sozialdemokratie«. Sie erschien dann im Frühjahr 1916 unter dem Pseudonym »Junius«. Luxemburg enthüllte die besondere Verantwortung der herrschenden Kreise Deutschlands für die Entfesselung des Krieges und geißelte die Haltung der rechten sozialdemokratischen Führer als Verrat.

Nach dem Kriegseintritt Italiens an der Seite der Entente am 23. Mai 1915 suchte die Reichsregierung eine chauvinistische Propagandawelle zu erzeugen. Karl Liebknecht antwortete darauf Ende Mai mit seinem Flugblatt »Der Hauptfeind steht im eigenen Land!«. Er schrieb: »Der Hauptfeind des deutschen Volkes steht in Deutschland: der deutsche Imperialismus, die deutsche Kriegspartei, die deutsche Geheimdiplomatie.« (Dokumente und Materialien 1958, 165)

Unter den sozialistischen Kriegsgegnern der verschiedenen Länder wuchs das Bestreben, ihren Kampf gemeinsam zu führen. Vom 5. bis 8. September 1915 trafen sich in Zimmerwald (Schweiz) 38 Delegierte aus zwölf Ländern zu einer Internationalen Sozialistischen Konferenz. Die organisatorische Vorbereitung des Treffens hatte der Schweizer Sozialdemokrat Robert Grimm geleitet. Die Teilnehmer, die in der Mehrzahl auf zentristischen Positionen standen, erklärten in einem Manifest:

> »Niemals in der Weltgeschichte gab es eine dringendere, eine höhere, eine erhabenere Aufgabe, deren Erfüllung unser gemeinsames Werk sein soll. Kein Opfer ist zu groß, keine Last zu schwer, um dies Ziel, den Frieden unter den Völkern, zu erreichen.« (Dokumente und Materialien 1958, 229)

Einige der Teilnehmer machten sich die wichtigsten Forderungen der Bolschewiki – den imperialistischen Krieg in einen Bürgerkrieg umzuwandeln und für die Niederlage der »eigenen« Regierung einzutreten – zu eigen. Sie bildeten unter Lenins Führung die Zimmerwalder Linke. Von den deutschen Delegierten schloss sich ihr J. Borchardt an. Sie vereinte nur acht der 38 Delegierten (neben Lenin und Borchardt waren das Janis Bēziņś-Ziemelis, Zeth Höglund, Ture Nerman, Fritz Platten, Karl Radek und Grigori Sinowjew).

Das Fanal von Zimmerwald fand in ganz Europa Beachtung. Lenin sorgte dafür, dass nicht nur die Dokumente der Konferenz, sondern auch die weitergehenden Positionen der Linken in der internationalen Arbeiterbewegung bekannt gemacht wurden. Auf seinen Vorschlag hin gab die Zimmerwalder Linke im November 1915 in deutscher, französischer und italienischer Sprache eine Broschüre mit dem Titel »Die Zimmerwalder Linke über die Aufgabe der Arbeiterklasse« (»Internationales Flugblatt«, Nr. 1) heraus. Die Schrift enthielt die Entwürfe für Resolution und Manifest, die die Linken auf der Konferenz eingebracht hatten, und trug viel zum weiteren internationalen Zusammenschluss der linken Kräfte bei.

Die deutschen Behörden verstärkten im Laufe des Jahres den Druck auf die Linken und auch auf die bürgerliche Antikriegsbewegung weiter. Wilhelm Pieck, Clata Zetkin, Hugo Eberlein und Ernst Meyer wurden verhaftet, Hermann Duncker, Otto Geithner und Johann Knief zum Militär einberufen. Ein Erlass des preußischen Kriegsministers vom 7. November 1915 untersagte die Veröffentlichung und Verbreitung pazifistischer Schriften und die öffentliche Äußerung pazifistischer Ideen. Am 17. November wurde das Organ der Deutschen Friedensgesellschaft, »Der Völker-Frieden«, verboten.

Mehr und mehr gingen auch die Zentristen auf Distanz zur Kriegspolitik der Regierenden. Eduard Bernstein, der

Wortführer des Revisionismus, hatte bereits Anfang September 1914 erkannt: »Die deutsche Regierung ist die Hauptschuldige am Kriege, wir sind eingeseift worden; die Bewilligung der Kredite war ein Fehler.« (Kriegstagebuch David, 32)

Als der Reichstag am 21. Dezember 1915 über weitere Kriegskredite entschied, stimmten neben Liebknecht und Rühle auch 18 Zentristen (darunter Bernstein, Haase, Wilhelm Dittmann und Georg Ledebour) gegen die Kredite. 22 weitere Zentristen verließen vor der Abstimmung den Saal.

9.
Kriegsverlauf 1916 –
Die III. Oberste Heeresleitung

Für den Frühsommer planten die Ententemächte eine allgemeine strategische Offensive im Osten, Westen und Süden. Die deutsche und österreichisch-ungarische Militärführung konnten sich hingegen nicht über ein gemeinsames Vorgehen einigen. Generalstabschef Falkenhayn entschloss sich, im Westen bei Verdun anzugreifen. Er wollte den Angriff mit einer mächtigen Artilleriekonzentration, aber einer begrenzten Truppenzahl (12 ½ Divisionen) führen. Falkenhayn rechnete darauf, dass die französische Militärführung zur Verteidigung der strategisch wichtigen Festung Verdun nach und nach alle ihre Reserven einsetzen werde. Und er verfolgte das unrealistische Ziel, auf diese Weise die französische Armee »auszubluten«.

Der deutsche Angriff begann am 21. Februar. Er führte zwar am 25. Februar zur Eroberung des Forts Douaumont, blieb dann aber stecken. Nun begann sich bei Verdun eine jener furchtbaren Materialschlachten zu entwickeln, die für die Kampfführung an der Westfront bis zum Kriegsende charakteristisch bleiben sollten. Die »Hölle von Verdun« brachte für die kämpfenden Soldaten Leiden und Entbehrungen, deren grausiges Ausmaß man nur ganz unvollkommen beschreiben kann. Die deutsche Führung trieb in stumpfsinniger Manier ihre Soldaten immer wieder gegen die Feuer speienden französischen Befestigungsanlagen vor. Jeder kleine Geländegewinn wurde mit Strömen von Blut erkauft. Im Juli endlich ließ Falkenhayn die Kampftätigkeit einschränken, im September wurde der Angriff endgültig eingestellt. Im Oktober eroberten die Franzosen überraschend das Fort Douaumont zurück. Beide Seiten hatten ungeheure Verluste an Toten, Verwundeten, Vermissten und Gefangenen erlitten: die Deutschen 340.000 Mann, die Franzosen 380.000.

Unterdessen war es am 31. Mai vor dem Skagerrak zur einzigen großen Schlacht zwischen der deutschen und englischen Flotte gekommen. 150 britische Kriegsschiffe, darunter 37 Großkampfschiffe standen 99 deutschen, darunter 21 Großkampfschiffen gegenüber. Der britische Admiral John Rushworth Jellicoe agierte vorsichtig, der deutsche Admiral Reinhard Scheer teilweise waghalsig. Die Briten erlitten die größeren Verluste: 3 ihrer Schlachtkreuzer, 3 Panzerkreuzer und 9 Torpedoboote wurden versenkt, 6.094 Seeleute fielen, 177 gerieten in Gefangenschaft. Die Deutschen verloren 1 Schlachtkreuzer, 1 veraltetes Linienschiff, 4 Kleine Kreuzer und 5 Torpedoboote. 2.551 deutsche Matrosen starben. Insbesondere die britischen Schlachtkreuzer besaßen eine geringere Standfestigkeit als die deutschen, und die Deutschen verfügten über die wirksamere Panzersprenggranate. Das erklärt die relativ hohen Verluste der Briten.

Die deutsche Hochseeflotte hatte einen taktischen Erfolg gegen die überlegene britische Flotte errungen. Strategisch blieb die Schlacht ohne Bedeutung, und die britische Flotte konnte ihre Fernblockade unvermindert fortsetzen. Scheer musste deshalb am 4. Juli 1916 in einem geheimen Bericht an den Kaiser zugeben, es könne »kein Zweifel bestehen, daß selbst der glücklichste Ausgang einer Hochseeschlacht England in diesem Kriege nicht zum Frieden zwingen« werde. (Deutschland im ersten Weltkrieg, 2004, Bd. 2, 266) Dies war das Eingeständnis, dass die gesamte bisherige Flottenrüstung und Seekriegskonzeption des Kaiserreichs mit einem Fiasko geendet hatte.

Wenige Tage nach der Skagerrakschlacht, am 4. Juni, hatten die Truppen der russischen Südwestfront überraschend eine erfolgreiche Offensive gegen die österreichisch-ungarische Armee begonnen (so genannte Brussilow-Offensive). Nur der Einsatz starker deutscher Verbände bewahrte die österreichisch-ungarische Front vor dem Zusammenbruch. Die österreichisch-ungarischen Truppen, deren Kampfmoral bereits stark gesunken war, verloren 750.000 Mann, darunter 380.000 Gefangene. Die Erfolge der russischen Truppen waren mit riesigen Verlusten erkauft (800.000 Mann), was maßgeblich zur weiteren Revolutionierung der zaristischen Armee beitrug.

Die englischen und französischen Truppen hatten Ende Juni an der Somme die größte Materialschlacht des Krieges eingeleitet. Gestützt auf eine gewaltige Überlegenheit an Artillerie und Kampfflugzeugen, vor allem aber an Munition, rannten sie bis November gegen die deutschen Stellungen an, erzielten aber nur begrenzte Geländegewinne. Die meisten der britischen Soldaten besaßen zunächst keine Kampferfahrung. Sie rückten im Schritt und in dichter Formation vor. Allein am 1. Juli fielen 19.000 von ihnen – es war der blutigste Tag der britischen Militärgeschichte. Im September setzten die Briten erstmals Tanks (Panzerkampfwagen) ein.

Insgesamt sind in dieser verlustreichsten Schlacht des Ersten Weltkriegs 420.000 britische, 194.000 französische und fast 500.000 deutsche Soldaten gefallen, verwundet worden, in Gefangenschaft geraten oder galten als vermisst.

Die militärischen Erfolge der Ententemächte veranlassten Rumänien, Ende August an deren Seite in den Krieg einzugreifen. Der größte Teil des Landes wurde jedoch bis Dezember von deutschen, österreichisch-ungarischen, bulgarischen und türkischen Truppen erobert.

Die maßgeblichen Vertreter der deutschen Machtelite machten für die Verschlechterung, welche die militärische Lage der Mittelmächte seit Juni/Juli 1916 erfahren hatte, den Generalstabschef Falkenhayn verantwortlich und drängten auf seine Entlassung. Reichskanzler Bethmann Hollweg hatte Wilhelm II. bereits am 3. Januar 1915 vorgeschlagen, Ludendorff zum Generalstabschef zu ernennen. Wilhelm II. weigerte sich und erklärte, Ludendorff sei ein »zweifelhafter, von persönlichem Ehrgeiz zerfressener Charakter«. (Fröhlich 2001, 344)

Wilhelm II. war mittlerweile zu einem »Schattenkaiser« herabgesunken. Andere fällten die militärischen und politischen Entscheidungen. In wichtigen Personalangelegenheiten suchte der Kaiser aber weiterhin zu bestimmen. Schließlich hatte er keine andere Wahl mehr, als am 29. August Falkenhayn zu entlassen und Hindenburg zum Generalstabschef zu ernennen. Für Ludendorff wurde eigens die Dienststellung eines voll mitverantwortlichen »Ersten Generalquartiermeisters« geschaffen. Die breite Öffentlichkeit sah noch einige Zeit lang in Hindenburg den Führer der III. Obersten Heeresleitung. In den informierten Kreisen hingegen wusste man schon bald, dass in Wirklichkeit Ludendorff der eigentliche Chef war.

Ludendorff ließ im September 1916 den Angriff auf Verdun endgültig einstellen und gab in den folgenden Monaten generell die bisherige starre Verteidigung der vordersten Linie zugunsten einer elastischen Verteidigung des Raumes auf. Auch entwickelte er ein System der regelmäßigen Ablösung abgekämpfter Truppenteile. Diese taktischen und organisatorischen Neuerungen trugen maßgeblich dazu bei, die militärische Lage zu stabilisieren.

War Falkenhayn mit seiner unrealistischen Ermattungsstrategie gescheitert, so setzte Ludendorff auf eine noch viel unrealistischere Vernichtungsstrategie. Die III. Oberste Heeresleitung betrieb eine totale Mobilisierung aller noch vorhandenen Kräfte und Mittel. Dies sollte die Voraussetzungen dafür schaffen, einen »Siegfrieden« zu erkämpfen. Ende August wurde das »Hindenburg-Programm« beschlossen, das eine gewaltige Steigerung der Rüstungsproduktion vorsah. Im Dezember 1916 nahm der Reichstag, wie von der Obersten Heeresleitung gefordert, ein Gesetz über den »Vaterländischen Hilfsdienst« an, das alle nicht zum Militärdienst einberufenen Männer vom 17. bis 60. Lebensjahr zur Arbeit in der Rüstungsindustrie zwangsverpflichtete. Die Ausplünderung der besetzten Gebiete wurde verschärft. Verstärkt wurden belgische und polnische Arbeiter nach Deutschland deportiert oder hinter der Front eingesetzt (bis Kriegsende etwa 300.000).

Das »Hindenburg-Programm« war von Oberstleutnant Max Bauer konzipiert worden. Bauer wurde der engste und vertrauteste Mitarbeiter Ludendorffs und übte besonders in rüstungswirtschaftlichen und politischen Fragen einen erheblichen Einfluss auf ihn aus. Er war der Mittelsmann zwischen Oberster Heeresleitung und Rüstungsindustrie und kam den Wünschen der Industriellen bereitwillig entgegen.

Mehr und mehr übte Ludendorff auch auf die außen-

und innenpolitischen Entscheidungen der Reichsregierung einen bestimmenden Einfluss aus. Schon manche Zeitgenossen haben von einer »Militärdiktatur« Ludendorffs gesprochen. Ohne Zweifel war er 1917/18 der mächtigste Mann in Deutschland. Die Machtfülle eines wirklichen Diktators besaß er jedoch nicht. So hat er etwa beim Hilfsdienstgesetz die erstrebte Militarisierung der Industriebetriebe nicht gegen den Willen des Reichstags durchsetzen können. Auf seinen Druck hin proklamierten die Regierungen Deutschlands und Österreich-Ungarns die Umwandlung des besetzten Russisch-Polen in ein angeblich selbständiges »Königreich Polen«. Die Hoffnung Ludendorffs, nunmehr könnten die deutschen Streitkräfte durch polnische Freiwilligenverbände verstärkt werden, erwies sich als trügerisch – aber alle Bemühungen um einen Separatfrieden mit Russland waren fortan aussichtslos.

10.
Die Kriegswirtschaft

Schon in den ersten Wochen des Krieges zeigte sich, dass der Munitionsverbrauch viel höher war als die führenden Militärs beider Seiten vermutet hatten. Auf dem Höhepunkt der Marneschlacht soll die deutsche Artillerie mehr Munition verbraucht haben als während des Deutsch-Französischen Krieges von 1870/71 insgesamt. Im Oktober 1914 waren die Vorräte an Waffen und Munition aufgebraucht. Man sprach deshalb von einer »Munitionskrise«. Das zwang die Krieg führenden Länder, große Anstrengungen zur Steigerung der Rüstungsproduktion zu unternehmen. Als der Krieg sich in die Länge zog und die britische Seeblockade immer spürbarer wurde, geriet Deutschland ökonomisch mehr und mehr in eine äußerst schwierige Lage.

Die deutsche Industrie war in hohem Maße von der Rohstoffeinfuhr abhängig. Diese Abhängigkeit betrug 1913 bei Mangan, Kautschuk, Baumwolle und Salpeter 100%, bei Erdöl 93%, 1912 bei Kupfer 83% und bei Blei 62%. Da allgemein angenommen worden war, ein Krieg zwischen Großmächten werde nur einige Monate dauern, hatte sich die Reichsregierung bei der Vorbereitung auf einen solchen Konflikt im Wesentlichen darauf beschränkt, Finanzmittel bereitzustellen. Vorräte strategisch wichtiger Rohstoffe waren nicht angelegt worden.

Die unerwartet großen Anforderungen, welche der Krieg an die Rüstungsproduktion stellte, lösten in allen Krieg führenden Ländern tiefe Eingriffe des Staates in das Wirtschaftsleben aus. In Deutschland war das besonders ausgeprägt. Bereits am 13. August 1914 wurde im preußischen Kriegsministerium eine Kriegsrohstoffabteilung gegründet und mit umfangreichen Vollmachten ausgestattet. Ihr Leiter war bis März 1915 Walther Rathenau, Aufsichtsratsvorsitzender der AEG. Die Kriegsrohstoffabteilung befasste sich mit der Zwangsbewirtschaftung einheimischer Rohstoffe, der Beschaffung von Rohstoffen aus den besetzten Gebieten und aus neutralen Ländern, mit der Zentralisierung der Rüstungsindustrie sowie mit der Entwicklung und Produktion von Ersatzstoffen.

Auf Initiative Rathenaus wurden die Produktionsanlagen für die Stickstoffsynthese nach dem Haber-Bosch-Verfahren stark erweitert. Bisher war Stickstoff, der die Basis für die Erzeugung von Pulver und Düngemitteln bildete, einzig aus dem importierten Chilesalpeter gewonnen worden. Das Haber-Bosch-Verfahren ermöglichte die künstliche Gewinnung von Stickstoff und sicherte so die Versorgung der Streitkräfte mit Munition.

Die Kriegsrohstoffabteilung gründete Kriegsrohstoffgesellschaften, als Erste am 2. September 1914 die Kriegsmetall AG. Diese halbstaatlichen Organisationen entschieden über die Verteilung der bewirtschafteten Rohstoffe und beeinflussten die Preisgestaltung usw. Die Kriegsgesellschaften wurden in der Regel von den jeweils stärksten Unternehmen der Branche beherrscht. Mit Hilfe der Kriegsgesellschaften konnten diese Konzerne sich die wichtigsten Rüstungsaufträge sichern. Im August 1914 schlossen sich der Centralverband Deutscher Industrieller und der Bund der Industriellen zum Kriegsausschuss der deutschen Industrie zusammen. Der Kriegsausschuss übte großen Einfluss auf die gesamte Kriegswirtschaft aus.

Im November 1916 wurde innerhalb des preußischen Kriegsministeriums das Kriegsamt als Lenkungsorgan der gesamten Kriegswirtschaftspolitik errichtet. Es umfasste die Kriegsrohstoffabteilung, das Kriegsersatz- und Arbeits-Departement und das Waffen- und Munitionsbeschaffungsamt.

Es gelang, die deutsche Rüstungsproduktion bedeutend zu steigern. Die Ausstattung der Armee mit Kampftechnik konnte stetig erhöht werden. Die immensen Rüstungsanstrengungen Deutschlands konnten aber die gewaltige materiell-technische Überlegenheit der Ententemächte nicht wettmachen.

Das Anwachsen der Militärtechnik im deutschen Feldheer

	1914	1918
Maschinengewehre	2.400	100.000
Minenwerfer	160	16.000
leichte Feldgeschütze	7.226	11.250
schwere und schwerste Geschütze	1.671	4.262
Flugzeuge (Heer und Marine)	250	5.187

Die Rüstungsproduktion 1914–1918

	Deutschland	Frankreich	Großbritannien	USA
Maschinengewehre	280.000	312.000	239.000	75.000
Geschütze	64.000	23.200	26.400	4.000
Tanks (Panzer)	20	5.300	2.800	1.000
Flugzeuge	47.300	52.100	47.800	13.800
Lastkraftwagen	65.000	110.000	87.000	30.000

Die beträchtliche Steigerung der deutschen Rüstungsproduktion setzte voraus, dass in wachsendem Maße Facharbeiter vom Militärdienst freigestellt wurden. Im Juli 1917 waren es 1,9 Millionen. Die Oberste Heeresleitung hatte das Gesetz über den »vaterländischen Hilfsdienst« zu einer Militarisierung der Industriebetriebe nutzen wollen. Die Reichstagsmehrheit hatte jedoch durchgesetzt, dass im Gesetz eine Anzahl von Mitbestimmungsmaßnahmen verankert wurden. So wurden für alle Betriebe mit mehr als 50 Beschäftigten obligatorische Arbeiter- und Angestelltenausschüsse vorgeschrieben – gelegentlich, wenn auch zu Unrecht, als Vorläufer der Betriebsräte bezeichnet.

Schon viele Zeitgenossen haben das System halb staatlicher, halb privatwirtschaftlicher Lenkung, das im Laufe des Krieges in Deutschland entstand, als »Kriegssozialismus« bezeichnet. In Wirklichkeit entwickelte dieses System sich »mehr und mehr zu einem Lobbyismus größten Stils« (Mommsen 82). Diejenigen industriellen Konzerne, die in kriegswichtigen Branchen tätig waren, wurden zu eindeutigen Gewinnern des Krieges. Einige Beispiel für die Entwicklung des Reingewinns deutscher Rüstungsunternehmen sollen das verdeutlichen (wobei zu beachten ist, dass beispielsweise

Ausgewiesener Reingewinn in Millionen Mark

	Vorkriegs-durchschnitt	1914/15	1915/16	1916/17
Krupp	31,6	33,9	86,5	79,7
Dt. Waffen- und Munitionsfabrik	5,5	8,2	11,5	12,7
Kölner Pulverfabriken	4,3	6,5	14,5	14,7
Rheinmetall	1,4	3,5	9,9	15,3

Krupp 1916/17 seinen Bruttogewinn durch Abschreibungen und Rückstellungen nahezu »halbiert« hat):

Die Kriegskosten Deutschlands beliefen sich insgesamt auf etwa 160 Milliarden Reichsmark. Es gelang der Reichsregierung nicht, die Gewinne der Rüstungsindustriellen wirksam zu besteuern. So wurden die Kriegskosten größtenteils durch Kriegsanleihen und durch eine Steigerung der Geldmenge finanziert. Auf diese Weise stiegen die Staatsschulden von 5,4 Milliarden Reichsmark im Jahre 1914 auf 156 Milliarden im Jahre 1918. Die Kriegsfinanzierung schuf so die Grundlagen für die Inflation des Jahres 1923.

11.
Kriegsalltag an der Front und in der Heimat

Im Herbst 1914 erstarrte im Westen, später auch im Osten die Front im Stellungskrieg. Die Truppen beider Seiten lagen sich in Feldbefestigungen gegenüber, die pioniertechnisch immer weiter ausgebaut wurden. Schließlich bestanden diese Stellungen zumeist aus drei hintereinander liegenden Schützengräben mit Unterständen, später auch Betonbunkern.

Vor dem ersten Schützengraben befanden sich Stacheldrahtverhaue.

Der Alltag der Soldaten im Stellungskrieg war auch in Zeiten geringer Kampftätigkeit voller Leid und Entbehrungen. Die Soldaten litten unter Regen, Schlamm, Ungeziefer, Krankheiten und unter der extremen psychischen Anspannung.

Seit Herbst 1915 versuchten die Militärführungen beider Seiten, in so genannten Materialschlachten das gegnerische Stellungssystem zu durchbrechen. Die Angreifer nahmen jeweils die Stellungen des Gegners wochen- und monatelang unter verheerendes Artilleriefeuer. Das pausenlose Artilleriefeuer zerrte an den Nerven der Verteidiger und führte bei vielen Soldaten zu unheilbaren psychischen Erkrankungen. Verwundete konnten häufig nicht geborgen werden und gingen zwischen den Frontlinien qualvoll zugrunde. Oft konnte tagelang keine Verpflegung nach vorn gebracht werden.

So sehr die Verteidiger unter der Beschießung zu leiden hatten – wenn die Angreifer dann ihre Infanterie vorgehen ließen, erlitt sie im Maschinengewehrfeuer der Verteidiger schwerste Verlust. Obendrein hatten die Verteidiger allemal genügend Zeit, hinter dem bedrohten Frontabschnitt starke Reserven zusammenzuziehen. Auf diese Weise führten die Materialschlachten zur gegenseitigen Erschöpfung beider Seiten, änderten aber kaum etwas am Frontverlauf. Erst die Entwicklung elastischer Angriffstaktiken und der Einsatz von Panzern (Tanks) machten es dann seit 1917 möglich, das gegnerische Stellungssystem zu durchbrechen.

Der Alltag in der Heimat war auf die Dauer für den größten Teil des Volkes durch Leid und bittere Not gekennzeichnet. Insgesamt sind fast zwei Millionen deutsche Soldaten gefallen. Die meisten von ihnen waren noch jung. Hunderttausende von Mädchen und jungen Frauen verloren so den Menschen, mit dem sie gemeinsam eine Zukunft hatten aufbauen wollen. Hunderttausende von Kindern verloren den Vater. Eltern verloren den Sohn oder die Söhne.

Die Reallöhne der Arbeiter sanken, wobei es große Unterschiede gab. Lag der Reallohn der deutschen Rüstungsarbeiter 1918 bei 77,8 % des Standes von 1914, so betrug er bei den Arbeitern der so genannten Friedensindustrien lediglich 52,2 %. Gleichwohl wurde das Arbeitstempo gesteigert und die tägliche Arbeitszeit verlängert, teilweise auf 12 Stunden.

Die meisten der Frauen, deren Männer zum Militärdienst einberufen worden waren, erhielten nur einen minimalen Fürsorgebeitrag, der oft nur 30 % des Einkommens in Friedenszeiten betrug. Viele von ihnen mussten deshalb in der Industrie arbeiten, oftmals unter gefährlichen und gesundheitsschädigenden Bedingungen. Bei Frauen, die in Sprengstofffabriken mit Pikrinsäure hantieren mussten, färbten sich oft bereits nach wenigen Wochen die Haut gelb und die Haare grün, weshalb sie oft, insbesondere aus bürgerlichen und kleinbürgerlichen Kreisen, auch noch den ignoranten Spott als »Kanarienvögel« ertragen mussten.

Auch die realen Einkommen der Beamten verringerten sich erheblich. Im Jahre 1918 bezogen die höheren Beamten nur noch 46,8 % des Einkommens von 1913, die mittleren 55 % und die unteren Beamten 69,6 %.

Da die Staatsorgane der Belieferung der Streitkräfte die absolute Priorität einräumten, mangelte es der großen Masse des Volkes mehr und mehr an Textilien, Schuhen und Seife. Die Qualität der Waren verschlechterte sich durch die Verwendung von Ersatzstoffen immer mehr. Am schlimmsten aber stand es um die Versorgung mit Lebensmitteln.

Die deutsche Agrarerzeugung sank, da es an Arbeitskräften, Zugtieren und Kunstdünger fehlte, immer mehr ab. Im Jahre 1917 betrug der Ernteertrag bei Weizen 50%, bei Roggen 58%, bei Hafer 38% und bei Kartoffeln 65% des Ergebnisses von 1913. Vor dem Kriege hatte Deutschland etwa ein Drittel aller Lebensmittel importiert. Die Ententemächte handhabten nicht nur die Wirtschaftsblockade rigoros. Sie zwangen auch die neutralen Länder Europas, den Handel mit Deutschland immer mehr einzuschränken. Da die Großagrarier heftigen Widerstand leisteten, konnten in Deutschland auf dem Gebiet der Ernährungswirtschaft erst nach und nach staatliche Regulierungsmaßnahmen durchgesetzt werden. Als die Reichsregierung Höchstgrenzen für die Preise von Agrarprodukten einführte, verringerten viele Großagrarier zielbewusst den Kartoffelanbau, um eine Erhöhung dieser Preise zu erzwingen.

Im Januar 1915 wurde für Brot und Mehl, im Laufe des Jahres 1916 dann für alle wichtigen Lebensmittel eine Rationierung auf Karten eingeführt. Diese Lebensmittelrationen betrugen im Zeitraum von Juli 1916 bis Juni 1917 bei Fleisch 31%, bei Eiern 18%, bei Butter 22% und bei Zucker 49% des Vorkriegsverbrauchs. Es entwickelte sich ein umfangreicher »Schwarzer Markt«, auf dem es buchstäblich alles zu kaufen gab. Es wird eingeschätzt, dass im Jahre 1918 schließlich bei Fleisch, Eiern und Obst ein Drittel oder gar die Hälfte des Erzeugten auf dem »Schwarzen Markt« landete. Die Preise betrugen bis zum Zehnfachen der Friedenspreise und konnten natürlich nur von Wohlhabenden gezahlt werden. Auch Kleidung, Schuhe, Kaffee, Tee, Obst, Frischgemüse und Heizmaterial wurden rationiert. Oft konnten die festgelegten Rationen aber gar nicht geliefert werden.

Seit der zweiten Jahreshälfte 1915 kam es in Deutschland, aber auch in Russland, Frankreich, Österreich und Italien zu Lebensmittelunruhen, bei denen vor allem Frauen und Jugendliche Lebensmittelgeschäfte angriffen und plünderten. 1917 und 1918 hungerte die Mehrzahl der Deutschen und fror im Winter. Von der Not war die Arbeiterklasse weitaus stärker betroffen als das Bürgertum. Insgesamt sind in Deutschland von 1914 bis 1918 mindestens 700.000 Personen, größtenteils Kinder und alte Menschen, an den Folgen der Mangelernährung gestorben.

12.
Kultur im Kriege

In allen Krieg führenden Ländern identifizierte sich die große Mehrheit der Geistesschaffenden mit der Kriegspolitik ihrer jeweiligen Regierungen. In Deutschland und Österreich-Ungarn begrüßten Autoren wie Richard Dehmel, Alfred Döblin, Gustav Frenssen, Ludwig Ganghofer, Gerhart Hauptmann, Hugo von Hofmannsthal, Hermann Löns, Robert Musil, Rainer Maria Rilke und Hermann Sudermann begeistert den Krieg. Das taten auch Schriftsteller wie Thomas Mann, die bisher eine betont unpolitische Haltung eingenommen hatten.

Es erschien eine regelrechte Sturzflut von Gedichten, in denen die nationale Gemeinschaft beschworen, ein romantisierendes Bild des Krieges gezeichnet und Hass gegen die Feinde geschürt wurde. Besonders bekannt wurden das Gedicht »Soldatenabschied« des »Arbeiterdichters« Heinrich Lersch mit dem Refrain »Deutschland muss leben, und wenn wir sterben müssen« und Ernst Lissauers »Hassgesang gegen England« mit dem Refrain »Wir haben alle nur einen Feind:

England«. Zahlreiche Autoren meinten nun, an der deutschen Kultur der Vorkriegszeit sei vieles »dekadent« gewesen. Diese »Dekadenz« sei aus einer »Zersetzung« der deutschen Kultur durch ausländische Einflüsse, vor allem französische zu erklären.

Die Masse der deutschen Gelehrten und Schriftsteller sah in Großbritannien, das nun zumeist »perfides Albion« genannt wurde, den Hauptfeind. Es gelte, so hieß es allgemein, die deutsche Kultur gegen die westliche »Zivilisation« zu verteidigen. Namhafte britische und französische Wissenschaftler forderten ihre deutschen Kollegen auf, sich von den Gräueltaten, die das deutsche Militär im August 1914 beim Vormarsch durch Belgien und Nordfrankreich begangen hatte, zu distanzieren.

In zahlreichen Erklärungen wiesen deutsche Wissenschaftler und Künstler diese Forderung zurück. Besonders bekannt wurde der »Aufruf an die Kulturwelt« am 14. Oktober 1914, den 93 prominente Vertreter des deutschen Geisteslebens unterschrieben hatten, darunter etliche Träger großer Namen. Zu den Unterzeichnern zählten unter anderem die Maler Franz von Defregger und Max Liebermann, die Schriftsteller Richard Dehmel und Gerhart Hauptmann, die Historiker Karl Lamprecht, Friedrich Meinecke und Eduard Meyer, die Philosophen Rudolf Eucken und Wilhelm Windelband, der Altphilologe Ulrich von Wilamowitz-Moellendorff, die Nationalökonomen Lujo Brentano und Gustav von Schmoller, der Theologe Adolf von Harnack, die Naturwissenschaftler Fritz Haber, Ernst Haeckel, Max Planck und Wilhelm Röntgen, der Komponist Engelbert Humperdinck und der Theaterregisseur Max Reinhardt. In ihrer Erklärung stritten die Dreiundneunzig die Übergriffe deutscher Truppen rundweg ab, und sie identifizierten sich ausdrücklich und uneingeschränkt mit dem deutschen Militarismus.

Im Herbst 1914 prägte der Münsteraner Soziologe Johann Plenge das Schlagwort »Ideen von 1914«. Die »Ideen von 1914« wurden den Ideen der Französischen Revolution von 1789 entgegengestellt. Plenge meinte, die bisherigen Klassengegensätze und Interessenkonflikte im Kaiserreich würden nunmehr in einer »Volksgemeinschaft des nationalen Sozialismus« aufgehoben.

Im August 1914, so erklärten zahlreiche Autoren, sei es zu einer Wiedergeburt des alten »deutschen Wesens« gekommen. Diese Wiedergeburt sei vor allem durch die patriotische Massenbegeisterung bei Kriegsbeginn und durch den Abschluss des »Burgfriedens« sichtbar geworden. Viele Professoren, Geistliche und Schriftsteller stellten den Krieg vermessen in eine heilsgeschichtliche Perspektive, beantworteten die Frage nach dem Sinn des Krieges in der Form einer Geschichtsapokalypse.

Viele Schriftsteller hofften, der Krieg werde sie von den bedrohlichen Veränderungen der letzten Jahrzehnte wie der Abhängigkeit vom Markt, der Konkurrenzsituation, dem Bedeutungsverlust der Literatur usw. befreien und die Literaten wieder als geistige Führer der Nation einsetzen.

Auch die große Mehrzahl der deutschen bildenden Künstler identifizierte sich 1914 mit der Kriegspolitik der Regierenden. Der Kunsthändler und Mäzen Paul Cassirer gründete die Zeitschrift »Kriegszeit«, deren erste Ausgabe am 31. August 1914 erschien. Das Titelblatt, von Max Liebermann gestaltet, stellte die Menschenmenge vor dem Berliner Stadtschloss dar, der Wilhelm II. die Worte zugerufen hatte, er kenne keine Parteien mehr. Die Künstler, die an dem Blatt mitarbeiteten, wollten ihren Beitrag zum Sieg Deutschlands leisten. Anfänglich gehörten auch Max Slevogt, Lovis Corinth, Käthe Kollwitz und Ernst Barlach zu diesem Kreis.

Allmählich wuchsen bei vielen Künstlern Zweifel am Sinn der deutschen Politik. 1916 stellte Cassirer die »Kriegszeit« ein und brachte die Zeitschrift »Bildermann« heraus. Sie entwickelte sich zum Sprachrohr jener avantgardistischen Künstler, die auf Distanz zum Krieg gegangen waren. Im »Bildermann« veröffentlichte Max Slevogt beispielsweise seine Lithographie »Mars regiert die Stunde«. Sie zeigt einen General, der ein Feldtelefon benutzt, das in das Gehirn eines lebenden Menschen implantiert ist. Und Heinrich Zille lieferte jene Zeichnung, auf der eine Kriegerwitwe mit drei kleinen Kindern das »Eiserne Kreuz« für ihren gefallenen Mann entgegennimmt.

Der Krieg forderte sehr bald auch unter den Schriftstellern und Künstlern, die sich als Freiwillige gemeldet hatten oder als Reservisten einberufen worden waren, Opfer. Noch 1914 sind unter anderem Alfred Lichtenstein, Hermann Löns, August Macke und Ernst Stadler gefallen, in den folgenden Kriegsjahren unter anderem Gerrit Engelke, Walter Flex, Gorch Fock, Franz Marc und August Stramm.

Seit Anfang 1915 kam es bei den meisten der Gelehrten und Literaten, die im August 1914 kriegsbegeistert gewesen waren, zu einer Ernüchterung. Sie gingen nun vom Pathos des August 1914 ab und predigten fortan ein Ethos der »Pflichterfüllung«. Die Desillusionierung kam bei denen, die sich als Kriegsfreiwillige gemeldet und die grausige Realität des Krieges selbst erlebt hatten, zumeist am raschesten.

Nur eine kleine Gruppe von Schriftstellern, so Johannes R. Becher, Ricarda Huch, Anette Kolb, Heinrich Mann, Arthur Schnitzler und Franz Werfel, war von Anfang an gegen den Krieg gewesen. Im Verlauf des Krieges entwickelten sich dann etliche Autoren zu Pazifisten. Der aus dem Elsass stammende René Schickele hatte sich vor 1914 für eine deutsch-französische Verständigung eingesetzt. Im Herbst 1915 emigrierte er nach Zürich. In den »Weißen Blättern«, die er dort herausgab, wurden Heinrich Manns berühmter »Zola«-Essay und die Antikriegstexte von Johannes R. Becher, Leonhard Frank und Henri Barbusse veröffentlicht.

Der Offizier Fritz von Unruh wurde während der Kämpfe um Verdun schwer verwundet. Nach seiner Genesung erhielt er von der Obersten Heeresleitung den Auftrag, die Schlacht von Verdun literarisch darzustellen. Unruh war jedoch durch seine traumatischen Erlebnisse zum entschiedenen Kriegsgegner geworden. Seine Erzählung »Opfergang« war deshalb für seine Auftraggeber eine tiefe Enttäuschung und wurde verboten.

Der spätere gefeierte Dramatiker Ernst Toller war Kriegsfreiwilliger, stieg zum Offizier auf und wurde schließlich als kriegsuntauglich entlassen. Er war unterdessen Pazifist und Sozialist geworden. Anfang 1918 schloss er sich der Antikriegsbewegung an und wurde wegen »Landesverrats« verhaftet.

13.
Die Entwicklung der Antikriegsopposition 1916–1917

Am Neujahrstag 1916 fand in Berlin eine Reichskonferenz der Gruppe »Internationale« statt, an der auch Vertreter weiterer linker Gruppen teilnahmen. Liebknecht, Mehring, Knief und andere diskutierten die »Leitsätze über die Aufgaben der internationalen Sozialdemokratie«, die Rosa Luxemburg im Gefängnis entworfen hatte. Karl Liebknecht fuhr fort, die Kriegspolitik der Regierenden und deutsche Kriegsverbrechen in den besetzten Gebieten im Reichstag anzuprangern. Die Mehrheit der sozialdemokratischen Fraktion schloss ihn daraufhin am 12. Januar aus der Fraktion aus.

Ab dem 27. Januar gab die Gruppe »Internationale« »Politische Briefe« heraus, die mit »Spartacus« unterzeichnet waren. Dieser Name ging bald auf die Gruppe »Internationale« über. Auf einer weiteren Reichskonferenz am 19. März 1916 in Berlin konstituierte sich die Spartakusgruppe endgültig als größte und einflussreichste unter den linken Gruppen in Deutschland. Sie beschloss ein Programm, in dem es hieß:

> »Das Ziel der gesamten Propaganda muß sein, die Voraussetzungen für revolutionäre Massenaktionen großen Stils zu entwickeln, Massenaktionen, wo sie entstehen, mit politischem Inhalt und Ziel zu erfüllen, voranzutreiben und zu bewußten Auseinandersetzungen mit dem Krieg und der kapitalistischen Klassengesellschaft zu gestalten.« (Dokumente und Materialien 1958, 320)

Am 24. März 1916 stimmte der Reichstag über weitere Kriegskredite ab. Außer Liebknecht und Rühle lehnten auch die 18 Zentristen, die bereits im Dezember dagegen votiert hatten, die Kredite ab. 14 weitere Sozialdemokraten verließen vor der Abstimmung den Saal. Die 18 Verweigerer wurden nun aus der sozialdemokratischen Fraktion ausgeschlossen. Hugo Haase legte sein Amt als Parteivorsitzenden nieder. Die 18 Ausgeschlossenen bildeten unter dem Vorsitz von Wilhelm Dittmann, Haase und Georg Ledebour als Sozialdemokratische Arbeitsgemeinschaft (SAG) eine selbständige Fraktion.

Der sozialdemokratische Parteivorstand hatte alle Demonstrationen und Versammlungen zum 1. Mai abgesagt. Die Spartakusgruppe aber war entschlossen, an diesem Tag

Friedensdemonstrationen zu organisieren. In Berlin, wo Handzettel von Liebknecht verbreitet worden waren, versammelten sich gegen 8 Uhr auf dem Potsdamer Platz 10.000 Menschen. Als die Polizei gegen die Demonstranten vorging, rief Liebknecht: »Nieder mit dem Krieg! Nieder mit der Regierung!« Er wurde sofort verhaftet.

Liebknecht wurde am 28. Juni 1916 zu zweieinhalb Jahren Zuchthaus, in 2. Instanz am 4. November sogar zu vier Jahren, einem Monat verurteilt. Ende Juni streikten Zehntausende Arbeiter für seine Freilassung, allein in Berlin am 28. Juni 55.000.

Gleichfalls Ende Juni gründeten Aktivisten des verbotenen Bundes Neues Vaterland und der Deutschen Friedensgesellschaft wie Hellmut von Gerlach, Ludwig Quidde und Helene Stöcker die Zentralstelle Völkerrecht, die bald etwa 1.300 Mitglieder zählte. Sie wurde am 25. Januar 1917 verboten, arbeitete aber illegal weiter.

Auch in Deutschland lösten die Nachrichten von der Februarevolution in Russland eine breite Welle der Sympathie und Solidarität aus. Die Forderung, mit den Regierenden »russisch zu reden« war weit verbreitet.

Vom 6. bis 8. April 1917 fand in Gotha eine Konferenz statt, zu der die Sozialdemokratische Arbeitsgemeinschaft eingeladen hatte, und auf der die Unabhängige Sozialdemokratische Partei (USPD) gegründet wurde. Zu Parteivorsitzenden wurden Haase und Dittmann gewählt. Die revolutionären Obleute, Vertrauensmänner in den Großbetrieben der Metallindustrie, bildeten den linken Flügel der neuen Partei. Die Spartakusgruppe schloss sich der USPD unter Wahrung ihrer politisch-ideologischen Selbständigkeit an. Auf dem Gründungsparteitag wurde ein Manifest angenommen, in dem die Politik der rechten Führer von SPD und

Gewerkschaften scharf kritisiert wurde. Gleichzeitig enthielt das Manifest wichtige tagespolitische Forderungen wie die nach Aufhebung der Zensur und nach Einführung des allgemeinen, gleichen, direkten und geheimen Wahlrechts für alle Erwachsenen sowie die Forderung nach einem sofortigen Frieden ohne Annexionen.

Die Gründung der USPD fiel zeitlich mit einem innenpolitischen Manöver der regierenden Kreise zusammen. Am 7. April kündigte Wilhelm II. in einer »Osterbotschaft« (um deren Text es zuvor innerhalb der Regierung heftige Auseinandersetzungen gegeben hatte) eine Reform des preußischen Dreiklassenwahlrechts an. Dieser Botschaft zufolge sollte zwar das geheime und direkte, nicht aber das gleiche Wahlrecht eingeführt werden – obendrein erst nach dem Kriege. Die mageren Versprechungen des Kaisers wurden allgemein mit Enttäuschung und Erbitterung aufgenommen.

Eine Woche nach der Ankündigung der »Osterbotschaft« kürzten die Staatsorgane erneut die kärglichen Brotrationen. Das löste am 16. April in Berlin, Leipzig und weiteren Städten Streiks aus, insbesondere in Rüstungsbetrieben. Hunderttausende von Arbeitern legten die Arbeit nieder, allein in Berlin 300.000. Die Streikenden verbanden ökonomische und soziale Forderungen mit dem Ruf nach sofortigem Frieden ohne Annexionen. Bald darauf streikten im Mai in britischen Rüstungsbetrieben 200.000 Arbeiter. Ende Mai/Anfang Juni kam es in Frankreich zu einer Streikbewegung, an der vor allem in Paris 131.000 Arbeiter beteiligt waren.

Seit Frühjahr 1917 mehrten sich auf verschiedenen großen Kriegsschiffen der deutschen Marine Aktionen der Matrosen gegen Schikanen, gegen die ungleiche Verpflegung von Offizieren und Mannschaften und gegen den Hunger. Im Sommer bildeten Matrosen, von denen viele der USPD angehörten, revolutionäre Mannschaftsorganisationen, die das Ziel verfolgten, durch einen so genannten Flottenstreik die Beendigung des Krieges zu erzwingen. Am 2. August verweigerten 600 Matrosen des Großkampfschiffes »Prinzregent Luitpold« den Dienst und verließen eigenmächtig das Schiff. Es gelang den Militärbehörden jedoch, die Matrosenbewegung zu zerschlagen. Die Matrosen Albin Köbis und Max Reichpietsch wurden hingerichtet.

14.
Kriegsverlauf 1917

Ende 1916 verlangte die Oberste Heeresleitung, gegen die Entente zum uneingeschränkten U-Boot-Krieg überzugehen. Reichskanzler Bethmann Hollweg stimmte am 9. Januar 1917 zu. Am 31. Januar wurden die Gewässer um England und Frankreich sowie der größte Teil des Mittelmeeres völkerrechtswidrig zu »Sperrgebieten« erklärt, in denen sämtliche feindlichen und neutralen Schiffe ohne Warnung vernichtet würden. Am 1. Februar wurde der uneingeschränkte U-Boot-Krieg eröffnet. Die deutsche Marineführung hatte behauptet, der uneingeschränkte U-Boot-Krieg werde England binnen fünf Monaten zwingen, den Kampf einzustellen.

Der Ausbruch der Februarrevolution in Russland durchkreuzte die Pläne der Ententemächte, eine koordinierte allgemeine Frühjahrsoffensive einzuleiten. An der Ostfront herrschte fortan fast drei Monate lang Waffenruhe. Im Westen räumten die deutschen Truppen Mitte März den vorspringenden Frontbogen zwischen Arras und Soissons und zogen sich auf die stark ausgebaute »Siegfriedstellung« auf der Linie Arras – St. Quentin – Vailly zurück. Auf dem Rückzug praktizierten sie die »Taktik der verbrannten Erde« und zerstörten die Ortschaften, Straßen, Brücken, Gleisanlagen und Schleusen. 126.000 Einwohner des Gebiets wurden zwangsevakuiert. Durch den Rückzug wurde die Frontlinie um 55 Kilometer verkürzt.

Im Dezember 1916 hatte General Georges Robert Nivelle den Oberbefehl über die französische Armee übernommen. Er verkündete, es sei möglich, das deutsche Stellungssystem zu durchbrechen und bereits am ersten Tag 20 Kilometer in die Tiefe vorzustoßen. Nivelle stellte mächtige Kräfte (850.000 Mann) bereit und begann am 16. April am Höhenzug des Chemin des Dames (Damenweg) eine Offensive. Der Angriff scheiterte, doch Nivelle trieb die Truppen starrsinnig immer wieder gegen die deutschen Stellungen vor. Allein bis zum 25. April verlor die französische Armee 162.000 Mann. Am 15. Mai wurde Nivelle abgesetzt. An seine Stelle trat Henri Philippe Pétain, den die Franzosen den »Retter von Verdun« nannten.

Das Scheitern der Nivelle-Offensive löste in der französischen Armee Widerstandsaktionen aus. Bei der Hälfte aller Divisionen kam es zu Meutereien. Pétain warf die Meutereien nieder, wobei er nicht auf pure Härte setzte. Er hörte sich die Beschwerden vieler Soldaten an und stellte zahlreiche Missstände im Dienstbetrieb, bei der Versorgung und bei der Urlaubsregelung ab. Vor allem unterließ er weitere Großoffensiven.

Anfang Juli misslang in Galizien die so genannte Kerenski-Offensive der russischen Armee. Im Gegenstoß eroberten die Mittelmächte Ostgalizien und die Bukowina zurück. Im Herbst eroberten deutsche Truppen Riga und die Moonsundinseln. In der zehnten und elften Isonzoschlacht (Mai/Juni und August/September) hatte die österreichisch-ungarische Armee unterdessen wiederum Angriffe der italienischen Armee abgewehrt. Sie war aber durch diese Kämpfe stark erschüttert worden. Im Oktober/November durchbrachen dann deutsche und österreichisch-ungarische Truppen zwischen Flitsch und Tolmein die italienische Front und stießen bis zum Piave vor. Die italienische Armee erlitt dabei schwerste Verluste (10.000 Gefallene, 30.000 Verwundete, 265.000 Gefangene). Die Alliierten mussten 11 französische und britische Divisionen nach Italien entsenden.

Die Vorbereitung der Offensive und dann der Abtransport der sieben deutschen Divisionen überforderten die österreichische Eisenbahn. Es war nicht möglich, die österreichischen Städte ausreichend mit Lebensmitteln und Kohle zu versorgen, was im Winter 1917/18 katastrophale Folgen haben sollte.

Von Mitte Juli bis Mitte November griff die britische Armee in Flandern an. Das Kampfgebiet war schließlich durch starke Regenfälle und die Zerstörung des örtlichen Kanalsystems völlig verschlammt, was alle Truppenbewegungen enorm erschwerte. Der britische Oberbefehlshaber Douglas Haig setzte den Angriff aber stur fort. Die Kämpfe endeten mit einer Niederlage der Briten. Sie verloren 332.000 Mann, die Deutschen 217.000.

Am 20. November 1917 durchbrachen britische Truppen bei Cambrai die deutsche Frontlinie. Sie setzten hierbei zum ersten Male in großer Anzahl Tanks (Panzer) ein (insgesamt 476 Fahrzeuge). Die deutsche Führung wurde überrascht, weil die Briten auf die übliche mehrtägige Artillerievorbereitung verzichtet hatten. Durch einen Gegenangriff eroberten deutsche Truppen bis Anfang Dezember das verlorene Gebiet größtenteils zurück und erbeuteten dabei 90 Tanks.

Die Landkriegführung der Mittelmächte war somit im Jahre 1917 recht erfolgreich. Der uneingeschränkte U-Boot-

Von deutschen U-Booten 1917 erzielte Versenkungen

	Anzahl der Schiffe	Schiffsraum in Millionen Bruttoregistertonnen
Januar – März	848	1,38
April – Juni	1.167	2,10
Juli – Sept.	678	1,36
Okt. – Dez.	477	1,10

Krieg aber scheiterte nach Anfangserfolgen, und das fiel weitaus schwerer ins Gewicht. Seit dem Sommer wurde die englische U-Boot-Abwehr immer wirksamer, und die Versenkungsziffern gingen zurück. Hierzu trug der Übergang zum Konvoisystem entscheidend bei. Die Handelsschiffe fuhren jetzt nicht mehr einzeln, sondern in Konvois (Geleitzügen), die von Zerstörern und anderen Kriegsschiffen begleitet wurden.

15.
Die Februarrevolution 1917 in Russland

Am Abend des 10. März 1917 (25. Februar alten Stils) forderte Zar Nikolaus II. den Befehlshaber des Petrograder Militärbezirks, Generalleutnant Sergej Chabalow, auf, den Unruhen in der Hauptstadt am kommenden Tag ein Ende zu setzen. Fünf Tage später unterzeichnete der »Selbstherrscher« seine Abdankungsurkunde. Nach weiteren sechs Tagen wurde er verhaftet. Wie war es dazu gekommen?

Der Erste Weltkrieg hatte den Völkern Russlands ganz besonders schwere Opfer auferlegt. Bis Anfang 1917 fand eine Million russischer Soldaten den Tod. Hunderttausende kamen aus dem Gemetzel als Krüppel zurück. Während Heereslieferanten und Schieber riesige Gewinne erzielten, sanken die Reallöhne der Industriearbeiter um die Hälfte. Der Elfeinhalb-Stunden-Tag – im Jahre 1897 gesetzlich eingeführt – wurde wieder abgeschafft, die Arbeitszeit drastisch verlängert. Trostlos war die Lage der Dorfarmut, zu der zwei Drittel der bäuerlichen Familien gehörten. Diese Bauern besaßen meist nur ein bis zwei Hektar Land. Viele gerieten in solche Not, dass sie ihren Boden verkaufen mussten. Im Jahre 1917 entwickelte sich in Russland schließlich eine allumfassende Wirtschaftskrise. Die Industrieproduktion sackte ab, das Transportsystem brach zusammen, die Bevölkerung in den Städten hungerte. Anfang 1917 stellten sich in Petrograd (so hieß Sankt Petersburg seit August 1914) viele Menschen bereits abends an den Brotläden an. Sie warteten bei grimmigem Frost die ganze Nacht über und hofften darauf, am Morgen etwas Brot zu erhalten.

1916 hatte es bereits zahlreiche Streiks, Bauernunruhen und Soldatenmeutereien gegeben. In Mittelasien und Kasachstan war ein Aufstand gegen die russische Fremdherrschaft im Gange. Eine Revolution konnte aber in dem zentralisierten Staat nur von der Hauptstadt ausgehen.

Am 2. März (bzw. am 17. Februar) begannen die Arbeiter des Putilow-Werkes mit einem Streik. Die Militärbehörden schlossen daraufhin am 7. März das Werk, setzten 30.000 Arbeiter auf die Straße. Diese Aussperrung wirkte wie ein Funke in einem Pulverfass. Schlagartig legten die Arbeiter zahlreicher anderer Betriebe die Arbeit nieder.

Am 8. März, dem Internationalen Frauentag, versammelten sich auf den Straßen des Petrograder Vororts Wyborg Textilarbeiterinnen und Hausfrauen und forderten Brot. Arbeiter aus den Metallbetrieben Wyborgs schlossen sich ihnen an. Es formierte sich ein Protestzug, der aber von der Polizei vor dem Einmarsch in die Stadt abgefangen werden konnte.

Schon am 9. März streikten mehr als 200.000 Arbeiter. Am folgenden Tag weiteten sich die Aktionen zum Generalstreik aus. Aus den Arbeitervierteln marschierten riesige Kolonnen von Demonstranten in die Innenstadt. Polizeieinheiten wurden beiseite gefegt. Die Demonstranten skandierten »Nieder mit der Autokratie!« und »Nieder mit dem Krieg!«

In der Nacht zum 11. März schlug die gefürchtete Ochrana, die Geheimpolizei, zu und führte in Petrograd Massenverhaftungen durch. Für den 11. März erhielten die Truppen der Garnison den Feuerbefehl. An diesem Tage wurden allein auf dem Snamensker Platz 40 Demonstranten erschossen.

Doch am 12. März kam der große Umschwung. Am Morgen dieses Tages schloss sich das Wolhynische Garderegiment den Empörern an. Bis zum Abend taten das 66.000 Mann. Die rebellierenden Soldaten hetzten die verhassten Gendarmen durch die Straßen und erschlugen viele von ihnen. Sie öffneten die Gefängnistore und steckten das Hauptquartier der Ochrana in Brand. Am Abend war ganz Petrograd in den Händen der Aufständischen. Binnen weniger Tage erfasste die Revolution das ganze Land. Überall entstanden Sowjets (Räte) der Arbeiter-, Soldaten- und Bauerndeputierten.

Der Herrscher über Russland, Zar Nikolaus II., hatte bis dahin formal eine ungeheure Macht besessen. Doch dieser Zar war ein willensschwacher, innerlich unsicherer Mensch. Alle grundlegenden Entscheidungen seiner Regierungszeit gingen auf Anregungen seiner Ratgeber zurück. Den stärksten Einfluss auf den Zaren übte seine Frau Alexandra (Alice von Hessen) aus, die wiederum auf den Scharlatan Grigori Rasputin hörte. War der Zar folglich alles andere als der Motor der russischen Politik, so wurde er doch allgemein für deren Resultate verantwortlich gemacht. Im Verlaufe des Ersten Weltkrieges schmiedeten russische Militärs und Parlamentarier Pläne für eine Palastrevolution, kamen jedoch damit nicht zum Zuge.

Die Ereignisse vom März 1917 waren dann nicht etwa das Werk revolutionärer Verschwörer. Vielmehr handelte es sich um eine spontane Erhebung, an der Zehntausende von hungernden und ungeheuer erbitterten Soldaten und Industriearbeitern beteiligt waren. Diese Menschen hatten kein politisches Programm. Sie wollten den mörderischen Krieg beenden, und das ging nicht ohne den Sturz des zaristischen Regimes.

Im März 1917 entstanden in Petrograd zwei rivalisierende neue Machtzentren: der Sowjet der Arbeiter- und Soldaten-Deputierten und die bürgerliche Provisorische Regierung. Die Mitglieder des Sowjets waren in den Kasernen und Großbetrieben gewählt worden. In diesem Gremium besaßen die Sozialdemokraten (Menschewiki) ein starkes Übergewicht. Unter den 25 Mitgliedern, die das Exekutivkomitee des Petrograder Sowjets zählte, waren nur zwei Anhänger Lenins (Bolschewiki). An der Spitze der Provisorischen Regierung stand der liberale Großgrundbesitzer Fürst Georgi Lwow.

Am 15. März musste Zar Nikolaus zugunsten seines Bruders Michail abdanken, der bereits am folgenden Tag auf den Thron verzichten musste. Auf das Verlangen des Petrograder Sowjets hin wurde Nikolaus II. dann am 21. März 1917 verhaftet. Damit war die dreihundertjährige Herrschaft der Dynastie Romanow zu Ende.

16.
Deutschland im Epochenjahr 1917

Die Eröffnung des uneingeschränkten U-Boot-Krieges veranlasste, wie vorauszusehen war, die USA, dem Deutschen Reich im April 1917 den Krieg zu erklären. Ludendorff hat die Bedeutung dieses Eingreifens vollkommen unterschätzt. Auf entsprechende Warnungen hatte er im Oktober 1916 mit dem Ausspruch »Ich pfeife auf Amerika« reagiert. (Fröhlich 2001, 346)

In der Innenpolitik widersetzte Ludendorff sich Bethmann Hollwegs Kurs der »Neuorientierung«. Als im April 1917 in der »Osterbotschaft« Wilhelm II. die Aufhebung des preußischen Dreiklassenwahlrechts angekündigt wurde, nannte Ludendorff das einen »Kotau vor der russischen Revolution«. (Fröhlich 2001, 346)

In Deutschland und Österreich-Ungarn war einigen realistisch denkenden Politikern mittlerweile klar geworden: Diese beiden Staaten konnten nicht gegen die ganze Welt den Krieg gewinnen. Ihre Regierenden mussten deshalb bestrebt sein, aus dem Krieg herauszukommen. Da sie nun einmal in der schwächeren Position waren, galt es, den Gegnern ein akzeptables Angebot zu machen. Vor allem mussten die Oberste Heeresleitung und ihr rechter Anhang sich ihre annexionistischen Kriegsziele aus dem Kopf schlagen.

Unterdessen hatte in Österreich-Ungarn nach dem Tode Franz Josephs I. Kaiser Karl im Dezember 1916 die Regierung übernommen. Bereits wenige Wochen nach seiner Thronbesteigung streckte Karl geheime Friedensfühler nach Frankreich aus. Dabei bediente er sich der verwandtschaftlichen Beziehungen seiner Frau Zita. Deren Brüder, die Prinzen Sixtus und Xavier von Bourbon-Parma, dienten in der belgischen Armee. Im März 1917 kamen sie inkognito nach Österreich und trafen sich mit Karl.

Bei dem Treffen übergab Karl ein streng vertrauliches Schreiben, das später als »Sixtus-Brief« berühmt werden sollte. Darin versicherte der Kaiser dem französischen Staatspräsidenten Poincaré, er werde all seinen Einfluss auf den deutschen Verbündeten geltend machen, um die »gerechten Ansprüche Frankreichs auf Elsaß-Lothringen« zu unterstützen.

Eineinhalb Wochen später, am 3. April 1917, reiste Karl, von Außenminister Ottokar Graf von Czernin begleitet, nach Bad Homburg zu Kaiser Wilhelm II. Er und Czernin drängten die Deutschen, sich um einen Verständigungsfrieden zu bemühen. Ihr Vorschlag lautete: Deutschland solle Elsass-Lothringen an Frankreich abtreten, und Österreich werde dafür den Deutschen ganz Russisch-Polen sowie Galizien überlassen. Doch die deutsche Seite lehnte den Vorschlag ab.

Im Mai 1917 kamen die Parma-Brüder zum zweiten Male nach Wien. Von ihnen erfuhr Karl, Österreich-Ungarn könne einen Separatfrieden mit der Entente haben. Wichtigste Voraussetzung dafür sei die Trennung von Deutschland. Czernin und Kaiser Karl befürchteten, ein solcher Separatfrieden würde den Einmarsch der deutschen Armee nach Österreich-Ungarn zur Folge haben. (Im Frühjahr 1918 wurde der hochgeheime Sixtus-Brief dann publik. Die französische Regierung veröffentlichte ihn, was die deutsch-österreichischen Beziehungen schwer belastete.)

Am 6. Juli 1917 hielt der einflussreichste Politiker der Zentrumspartei, Matthias Erzberger, im Hauptausschuss des Reichstags eine Rede. Er machte – gestützt auf eine geheime Denkschrift Czernins vom 12. April 1917 – den Mitgliedern des Reichstages klar, wie ernst die Lage tatsächlich war. Erzberger hatte entscheidenden Anteil daran, dass der Reichstag am 19. Juli 1917 mit den Stimmen des Zentrums, der SPD und der Fortschrittlichen Volkspartei in einer Resolution einen Verständigungsfrieden forderte. Die Kernpassage der Friedensresolution lautete: »Der Reichstag erstrebt einen

Frieden der Verständigung und der dauernden Versöhnung der Völker. Mit einem solchen Frieden sind erzwungene Gebietsabtretungen und politische, wirtschaftliche und finanzielle Vergewaltigungen unvereinbar.« (Bihl 296)

Wenige Tage zuvor, am 14. Juli, hatten Hindenburg und Ludendorff den widerstrebenden Wilhelm II. durch eine Rücktrittsdrohung gezwungen, Reichskanzler Bethmann Hollweg zu entlassen. Bethmann Hollweg hatte – vor allem auf dem Felde der Kriegsziele und der Innenpolitik – zwischen den Bestrebungen der konservativen und der liberalisierenden Strömung der politischen Elite lavieren müssen, wobei er den Zielen der liberalisierenden Kräfte stärker zuneigte. Durch sein Lavieren hatte er aber schließlich das Vertrauen aller politischen Kräfte verloren. Besonders aktiv hatten die Oberste Heeresleitung, der Großindustrielle Carl Duisberg, die Parteiführer Erzberger und Gustav Stresemann sowie der rechte Sozialdemokrat Eduard David auf den Sturz Bethmanns hingearbeitet. Namentlich Erzberger, Stresemann und Oberstleutnant Max Bauer setzten sich dafür ein, Bernhard von Bülow als Reichskanzler zu berufen. In seiner Ratlosigkeit ernannte der Kaiser einen gewissen Georg Michaelis, von dem er zuvor noch nie etwas gehört hatte, zum Kanzler. Das war ein farbloser Verwaltungsbeamter, der durch das neue Amt total überfordert war.

Das ganze konservative Lager in Deutschland hatte auf die »Friedensresolution« der Reichstagsmehrheit mit einem Aufschrei geantwortet. Führende Exponenten dieses Lagers verständigten sich über den Plan, alle »nationalen« Kräfte in einer parteiübergreifenden Sammlungsbewegung zu vereinigen. Am 2. September 1917 gründeten sie in Königsberg die »Deutsche Vaterlandspartei«.

An die Spitze der neuen Organisation traten zwei Männer, deren Namen bereits Programm waren: Großadmiral Alfred von Tirpitz, der Architekt der unheilvollen deutschen Flottenrüstung, und Wolfgang Kapp, der künftige Putschist. Den Akteuren der Vaterlandspartei fehlte es weder an Geld noch an organisatorischem Geschick. Auch standen die Militärbehörden und das Gros der Beamtenschaft auf ihrer Seite. Binnen eines Jahres gewann die Vaterlandspartei 1,25 Millionen Mitglieder.

Die Vaterlandspartei lehnte einen Verständigungsfrieden schroff ab und jagte wie die Oberste Heeresleitung dem Phantom eines »Siegfriedens« nach. In aller Öffentlichkeit verfocht sie ein ausschweifendes Kriegszielprogramm. Die hemmungslose Propaganda dieser präfaschistischen Massenbewegung trug dazu bei, den Boden für die Nationalsozialisten vorzubereiten.

Reichskanzler Michaelis widersetzte sich innenpolitischen Reformen und versuchte gar, mittels eines Ausnahmegesetzes gegen die USPD vorzugehen. Ende Oktober erzwang die neue Reichtagsmehrheit seine Entlassung. Die extrem schwierige und komplizierte Situation des Kaiserreichs hätte an der Spitze der Regierung einen tatkräftigen und flexiblen Politiker erfordert. Doch Wilhelm II. berief am 1. November 1917 mit Billigung der Obersten Heeresleitung wiederum einen ausgesprochenen schwachen Reichskanzler – den greisen, körperlich und geistig verbrauchten Georg Graf von Hertling.

Eine Woche später, am 7. November (25. Oktober alten Stils) ergriffen in Petrograd die Bolschewiki unter der Führung Lenins die Macht. Der Umsturz in Russland verbesserte momentan die Situation Deutschlands, denn bereits am 15. Dezember wurde ein deutsch-russischer Waffenstillstand abgeschlossen.

17.
Die Oktoberrevolution

Die Februarrevolution hatte keine neue Ordnung geschaffen, sondern den Prozess der allgemeinen Auflösung noch beschleunigt. Arbeitslosigkeit, Teuerung und Hunger waren nicht etwa verschwunden, sondern verschärften sich in schnellem Tempo. Vor allem aber: Die Provisorische Regierung führte Russland nicht aus dem Krieg heraus. Sie war vielmehr bestrebt, ihn effektiver als die Regierung des Zaren zu führen. Und sie wies die Forderung der Bauern nach einer Agrarreform zurück. Sie wurde nun bei den breiten Bevölkerungsschichten immer unpopulärer.

Zum starken Mann innerhalb der Provisorischen Regierung entwickelte sich mehr und mehr der Rechtsanwalt Alexander Kerenski, der seit März das Amt des Justizministers, seit Mai das des Kriegs- und Marineministers bekleidete. Er gehörte der Sozialrevolutionären Partei an, einer sozialistischen Partei, die in der Tradition der Narodniki (Volksfreunde) stand und bis 1914 Mitglied der II. Internationale war. Die Sozialrevolutionäre betrachteten sich vor allem als Interessenvertreter der Bauern, die in Russland fast drei Viertel der Bevölkerung ausmachten.

Noch waren die Bolschewiki, die den wichtigsten Widerpart der regierenden Liberalen bildeten, zahlenmäßig schwach. Ihre Partei hatte im Februar 1917 etwa 24.000 Mitglieder und Ende April etwas mehr als 100.000. Die meisten Führer der Partei glaubten, in Russland stehe eine lange Periode bürgerlicher Herrschaft bevor.

Der Führer der Bolschewiki Wladimir I. Lenin hielt sich seit September 1914 in der neutralen Schweiz auf. Für ihn gab es jetzt nur noch eine Frage: Wie konnte er nach Russland zurückkehren, um den Kampf seiner Anhänger unmittelbar zu leiten?

Die Schweiz war ringsum von kriegführenden Staaten umgeben. Die Provisorische Regierung in Petrograd tat alles, um Lenins Rückkehr zu verhindern. Auf ihre Aufforderung hin ließen die Behörden der Ententestaaten keine Bolschewiki durch ihren Machtbereich reisen.

Schließlich entschloss Lenin sich zu dem Versuch, die Gegensätze zwischen den beiden Militärblöcken auszunutzen. Er nahm Verhandlungen mit der deutschen Gesandtschaft in Bern auf. Dabei kam folgende Einigung zustande: Die deutschen Behörden gestatteten Lenin und weiteren russischen Emigranten die Durchreise durch Deutschland. Die Emigranten verpflichteten sich, in Russland dafür zu sorgen, dass eine gleiche Anzahl deutscher und österreichischer Gefangener freigelassen würde.

Die deutsche Gesandtschaft in Bern hatte eine so weitreichende Entscheidung natürlich nicht eigenmächtig getroffen. Die Oberste Heeresleitung und Kaiser Wilhelm II. waren informiert und hatten grünes Licht gegeben. Sie rechneten darauf, dass die Ankunft Lenins und seiner Begleiter die Schwierigkeiten der Provisorischen Regierung vergrößern und Russland schließlich aus dem Krieg ausscheiden würde.

Am 9. April begann die Bahnfahrt quer durch Deutschland. Die 32-köpfige Emigrantengruppe reiste in dem berühmten »plombierten Waggon«, der an den D-Zug Zürich–Berlin–Saßnitz angehängt worden war. Von Saßnitz aus fuhr die Gruppe mit einem schwedischen Dampfer nach Stockholm, und von dort ging es per Bahn über die finnische Grenzstation Tornea nach Petrograd.

Am 16. April traf Lenin auf dem Finnländischen Bahnhof in Petrograd ein. Er verlor keine Zeit. Noch in der Nacht seiner Ankunft beriet er sich mit dem Zentralkomitee der Bolschewiki, und am 17. April trug er zum ersten Male seine »April-Thesen« vor. Darin legte er dar, wie die Bolschewiki der Provisorischen Regierung den Rückhalt bei den breiten Bevölkerungsschichten entziehen und sie schließlich stürzen konnten: indem sie immer wieder erklärten, ohne den Sturz der Provisorischen Regierung werde es keinen Frieden geben. Und indem sie forderten, das Land der Großgrundbesitzer den Bauern zu übergeben. Lenin hatte sehr genau erfasst, dass die breiten Massen in Russland in allererster Linie zwei Dinge wollten: Frieden und Land.

Im Mai traten sechs Menschewiki (Sozialdemokraten) und Sozialrevolutionäre in die Provisorische Regierung ein. Der Führer der Sozialrevolutionäre, Viktor Tschernow, wurde Landwirtschaftsminister.

Im Juli reifte eine tiefe politische Krise heran. Am 1. Juli ließ Kerenski in Galizien eine Offensive einleiten, die nach einigen Anfangserfolgen blutig scheiterte. Die Hiobsbotschaften von den Fronten lösten in Petrograd große Demonstrationen gegen die Provisorische Regierung aus. Die Regierung ließ auf die Demonstranten schießen. Die Erhebung von Petrograder Arbeitern und Soldaten war spontan, doch die Provisorische Regierung lastete sie den Bolschewiki an. Sie verbreitete gefälschte Dokumente, die beweisen sollten, dass Lenin ein bezahlter Agent der Deutschen sei. Die Partei der Bolschewiki wurde verboten, etliche ihrer Führer festgenommen, gegen Lenin Haftbefehl erlassen. Am 21. Juli übernahm Kerenski das Amt des Ministerpräsidenten. Am 23. Juli flüchtete Lenin nach Finnland.

Das rechte Lager in Russland war bestrebt, den politischen Umschwung vom Juli auszubauen und eine Militärdiktatur zu errichten. General Lawr Kornilow, seit dem 31. Juli

Oberbefehlshaber der russischen Armee, sah seine Stunde gekommen. Am 7. September setzte er das 3. Kavalleriekorps des Generals Alexander Krymow in Richtung Petrograd in Marsch. Kornilow war ein tüchtiger General, aber alles andere als ein politischer Kopf. Böse Zungen behaupteten, er habe das Herz eines Löwen und das Gehirn eines Kaninchens. Der General wollte in Petrograd einmarschieren, die Macht übernehmen und »Ordnung« schaffen. Ein politisches Konzept besaßen die Putschistengenerale nicht.

Kerenski, der insgeheim selbst Ambitionen besaß, eine Diktatur zu errichten, verfügte die Absetzung Kornilows, hatte aber schon nicht mehr die Macht, das auch durchzusetzen. An seiner Stelle handelte Lenin. Die Bolschewiki bauten binnen drei Tagen eine »Rote Garde« von 15.000 Mann auf, legten den Eisenbahnverkehr nach Petrograd lahm und agitierten erfolgreich unter den Soldaten Krymows. Schon nach wenigen Tagen war der Putsch gescheitert. Krymow jagte sich eine Kugel durch den Kopf, Kornilow wurde am 15. September verhaftet.

Kornilow war angetreten, die bolschewistische Partei zu zerschlagen. Sein Putsch bewirkte aber das genaue Gegenteil. Die Niederwerfung des Putsches stärkte das Ansehen der Bolschewiki gewaltig. Im September 1917 errangen sie in den Sowjets von Petrograd und Moskau die Führung.

Etliche Führer der Bolschewiki glaubten nun, ihre Partei könne schließlich auf gewaltlosem Wege zur Macht gelangen. Doch Lenin setzte am 23. Oktober im Zentralkomitee den Beschluss durch, die Macht durch einen bewaffneten Aufstand zu ergreifen. Zwei Tage später wurde auf Vorschlag der Menschewiki das Revolutionäre Militärkomitee des Petrograder Sowjets gebildet. Seine Aufgabe sollte die Abwehr der Konterrevolution und eines deutschen Angriffs sein. Die Bolschewiki entsandten

Leo Trotzki, Josef Stalin und Felix Dzierżyński in das Komitee und brachten es völlig unter ihre Kontrolle. Am 4. November übernahm das Komitee die militärische Befehlsgewalt in Petrograd. Es organisierte dann den bewaffneten Aufstand.

In der Nacht zum 8. November (26. Oktober alten Stils) besetzten Soldaten, Matrosen der Baltischen Flotte und die »Roten Garden« der Bolschewiki alle strategisch wichtigen Positionen Petrograds: die Ministerien, Bahnhöfe, Brücken und Telegraphenstationen. Am 8. November drangen sie in das Winterpalais ein, in dem sich die Provisorische Regierung mit den wenigen Truppen, die noch auf ihrer Seite standen, verschanzt hatte, und verhafteten die Minister. Kerenski konnte fliehen.

Lenin übernahm das Amt des Regierungschefs (Vorsitzender des »Rates der Volkskommissare«), Trotzki das Volkskommissariat des Äußeren, Stalin das für Nationalitätenfragen. Noch am 8. November verkündete Lenin vor dem II. Gesamtrussischen Kongress der Arbeiter- und Soldatenräte das »Dekret über den Frieden«. Er schlug darin allen kriegführenden Ländern einen sofortigen Waffenstillstand vor. Gleichzeitig sollten sofort Verhandlungen über den Abschluss eines Friedens ohne Annexionen und Kontributionen beginnen.

Lenins Friedensbotschaft fand bei den Menschen in den kriegführenden Ländern einen gewaltigen Widerhall. Wenige Tage nachdem die Friedensbotschaft verkündet worden war, begannen Verhandlungen mit der deutschen Regierung, und einen Monat später schwiegen an der deutsch-russischen Front die Waffen.

Binnen weniger Tage lösten die Bolschewiki zwei weitere Ankündigungen ein, durch die sie im Verlaufe des Jahres 1917 unter den Bauern und Arbeitern viele Anhänger gefunden hatten. Durch das »Dekret über den Boden« wurde der gesamte Grundbesitz der Zarenfamilie, der Gutsherren und der Kirche entschädigungslos enteignet. Die Bauern nahmen daraufhin den Grund und Boden in Besitz. Ein weiteres Dekret unterstellte alle Fabriken der Kontrolle der Arbeiter.

Die Enteignung der Großgrundbesitzer, die Einführung der Arbeiterkontrolle in den Betrieben, die Ausrufung Russlands zur Sowjetrepublik und die Bildung einer »Arbeiter- und Bauernregierung« bedeuteten eine Absage an den westlichen Kapitalismus und Parlamentarismus. Das erklärte Ziel der Bolschewiki war die Errichtung einer sozialistischen Staats- und Gesellschaftsordnung. Im Zuge einer Weltrevolution, so hofften sie, würden dann weitere Länder dem Vorbild Sowjetrusslands folgen.

Bereits im März hatte die Provisorische Regierung die Wahlen zu einer Verfassungsgebenden Versammlung (Konstituante) angekündigt. Kerenski setzte dann den Beginn der Wahlen für den 25. November an. Bei den Wahlen erhielten die Bolschewiki 23 % der Stimmen, die Sozialrevolutionäre aber 55 %. Die Verfassungsgebende Versammlung konstituierte sich am 18. Januar 1918 und wählte Viktor Tschernow zum Vorsitzenden. Die Mehrheit der Konstituante weigerte sich, die bestehende Sowjetmacht zu bestätigen.

Lenin und die meisten der führenden Bolschewiki waren nicht bereit, das Wählervotum zu akzeptieren und auf die im November errungene Macht zu verzichten. Lenin erklärte: die Konstituante bringe nicht den »Willen des Volkes im Allgemeinen und der werktätigen Massen im Besonderen« zum Ausdruck. Am 19. Januar ließ er die Verfassungsgebende Versammlung gewaltsam auflösen.

Rosa Luxemburg hatte die beiden Revolutionen in Russland begeistert begrüßt. Sie begriff sehr wohl, vor welchen gewaltigen Schwierigkeiten die junge Sowjetmacht stand.

Trotzdem hat sie die Auflösung der Konstituante und die Einschränkung des Wahlrechts, der Pressefreiheit und des Versammlungs- und Vereinsrechts durch die Sowjetmacht kritisiert und auf die gefährlichen Folgen dieser Politik hingewiesen. In ihrem Manuskript »Zur russischen Revolution« vom September/Oktober 1918 schrieb sie:

> »Ohne allgemeine Wahlen, ungehemmte Presse- und Versammlungsfreiheit, freien Meinungskampf erstirbt das Leben in jeder öffentlichen Institution, wird zum Scheinleben, in dem die Bürokratie allein das tätige Element bleibt. Das öffentliche Leben schläft allmählich ein, einige Dutzend Parteiführer von unerschütterlicher Energie und grenzenlosem Idealismus dirigieren und regieren [...].« (Laschitza 1996, 575)

Die Sowjetmacht musste 1918 und 1919 gegen ihre inneren und äußeren Feinde einen Überlebenskampf führen. Ihre Einschränkung demokratischer Rechte ist aus dieser Ausnahmesituation zu erklären. Freilich wurden diese Einschränkungen später in der Sowjetunion und im sozialistischen Weltsystem zu einer Daue021einrichtung gemacht. Nun zeigte sich, dass die Warnungen Rosa Luxemburgs berechtigt waren.

18.
Die Januarstreiks 1918

Am 28. Januar 1918 begann weitgehend spontan in Berlin ein mächtiger Streik. 400.000 Arbeiterinnen und Arbeiter legten die Arbeit nieder. Und der Streik breitete sich wie ein Lauffeuer aus. Bald standen in Barmen, Bielefeld, Brandenburg, Bremen, Danzig, Dresden, Düsseldorf, Essen, Gera, Gotha, Halle, Hamburg, Jena, Kassel, Kiel, Köln, Leipzig, Lübeck, Magdeburg, Mannheim, Mügeln-Heidenau, München, Münster, Nürnberg, Pirna, Schweinfurt und Solingen die meisten der Rüstungsbetriebe still. Im gesamten Dortmunder Kohlenrevier fuhren die Bergleute nicht mehr ein. Insgesamt traten mehr als eine Million Arbeiter in den Ausstand.

Zwei Wochen zuvor, am 14. Januar, hatte in den Rüstungsbetrieben bei Wiener Neustadt ein Streik begonnen, der auf zahlreiche Städte Österreich-Ungarns übergriff. Bis zu 700.000 Arbeiter beteiligten sich. Die Regierenden in Wien wendeten massive militärische Gewalt an, und am 23. Januar wurde der Streik beendet. Er hatte rasch auf Südwestdeutschland und das rheinisch-westfälische Industriegebiet übergegriffen.

Die Initiative zu den Streiks in Deutschland Ende Januar ging von den oppositionell gesinnten Vertrauensmännern des Metallarbeiterverbandes aus. In Berlin waren das die revolutionären Obleute, die der USPD angehörten oder ihr nahestanden. Am 27. Januar, einem Sonntag, beschlossen sie, am Tag darauf den Streik auszurufen.

Aus den Delegierten der bestreikten Betriebe konstituierte sich eine Streikleitung, die sich nach russischem Vorbild »Arbeiterrat« nannte. Der Arbeiterrat wählte elf revolutionäre Obleute in einen Aktionsausschuss unter dem Vorsitz Richard Müllers. Einer der Gewählten, Paul Schulze, gehörte der Spartakusgruppe an.

Der Arbeiterrat formulierte in sieben Punkten die Forderungen der Streikenden. Punkt 1 lautete: »Schleunige Herbeiführung des Friedens ohne Annexionen, ohne Kriegsentschädigung, auf Grund des Selbstbestimmungsrechts der Völker, entsprechend den Ausführungsbestimmungen, die dafür von den russischen Volksbeauftragten in Brest-Litowsk formuliert wurden.« (Deutschland im ersten Weltkrieg, 2004, Bd. 3, 120) Weiterhin wurde verlangt: die Hinzuziehung von Arbeitervertretern zu den Friedensverhandlungen,

Verbesserung der Nahrungsmittelversorgung, Aufhebung des Belagerungszustandes, Aufhebung der Militarisierung der Betriebe, Freilassung aller politischen Gefangenen, Demokratisierung des Staates und eine Wahlreform.

Wenige Tage nach Streikbeginn, am 5. Februar, wurde auch in einem Berliner Polizeibericht betont, dass die Streikbewegung in erster Linie politisch motiviert war: »Die wieder zunehmende Knappheit der Lebensmittel, das scheinbare Scheitern der Friedensverhandlungen mit den Russen, die Kriegstreiberei der Vaterlandspartei und die Verschleppung der preußischen Wahlreform erzeugten in den Massen eine gewisse Spannung.« (Materna/Schreckenbach 251)

Der Arbeiterrat forderte USPD und SPD auf, jeweils drei Vertreter in den Aktionsausschuss zu entsenden. Die USPD nominierte Haase, Ledebour und Wilhelm Dittmann, die SPD Ebert, Philipp Scheidemann und Otto Braun. Ebert erklärte später: die drei Vertreter der SPD seien »mit der bestimmten Absicht in die Streikleitung eingetreten, den Streik zum schnellsten Abschluss zu bringen.« Scheidemann rühmte sich: »Wenn wir nicht in das Streikkomitee hineingegangen wären, dann wäre der Krieg und alles andere meiner festen Überzeugung nach schon im Januar erledigt gewesen.« (Deutschland im ersten Weltkrieg, 2004, Bd. 3, 122)

In der Tat: hielt der Streik in den Munitionsfabriken einige Zeit an, dann war die Versorgung der Armee ernstlich gefährdet. Die Staatsorgane gingen deshalb brutal gegen die Streikenden vor. Bei Zusammenstößen zwischen der Polizei und streikenden Arbeitern gab es Tote und Verwundete. Zwischen 40.000 und 50.000 der streikenden Arbeiter, darunter auch Richard Müller, wurden zum Militärdienst einberufen. In Berlin und der Provinz Brandenburg wurde in ihre Personalpapiere der Vermerk »B-18« (Berlin 1918) eingetragen. Das bedeutete: sie sollten nie wieder vom Militärdienst freigestellt werden. Am 31. Januar wurde Wilhelm Dittmann verhaftet. Bereits am 3. Februar verurteilte ihn ein Kriegsgericht wegen »versuchten Landesverrats« zu zwei Monaten Gefängnis und fünf Jahren Festungshaft. Am gleichen Tage beschloss der Aktionsausschuss, den Streik zu beenden.

Wenn die Januarstreiks auch schließlich unterdrückt werden konnten – sie waren ein Wetterleuchten der Revolution, die schließlich im November 1918 das Regime Kaiser Wilhelm II. hinwegfegen sollte.

19.
Der Friedensvertrag von Brest-Litowsk

Im Mai des Jahres 1919 wurden die Friedensbedingungen bekannt, welche die Ententemächte in Versailles dem besiegten Deutschland nach dem Ersten Weltkrieg diktierten. In Deutschland ging durch alle politischen Lager ein Aufschrei der Empörung. Doch kaum jemand wollte sich jetzt daran erinnern, dass das Deutsche Reich 14 Monate zuvor selbst ein böses Beispiel geschaffen und Sowjetrussland den Raubfrieden von Brest-Litowsk aufgezwungen hatte, der noch weitaus schlimmer als der von Versailles war.

Nachdem die Bolschewiki im November 1917 in Petrograd die Macht ergriffen hatten, hatte Lenin allen kriegführenden Mächten sogleich einen Frieden ohne Annexionen und Kontributionen vorgeschlagen. Nicht eine Regierung antwortete ihm. Daraufhin bot die Sowjetregierung dem Deutschen Reich und seinen Verbündeten einen separaten Waffenstillstand an. Er wurde am 15. Dezember 1917 in Brest-Litowsk vereinbart, am 22. Dezember begannen Friedensverhandlungen. Jetzt wurde die Frage akut, was aus

Russisch-Polen, Litauen und Kurland werden solle, die von deutschen Truppen besetzt waren.

Der Staatssekretär des deutschen Auswärtigen Amtes, Richard von Kühlmann, und der Außenminister Österreich-Ungarns, Graf Czernin, erklärten, ihre Regierungen seien bereit, das Selbstbestimmungsrecht der dort lebenden Völker zu respektieren und auf Annexionen zu verzichten. In Wirklichkeit verfolgten sie das Ziel, in den besetzten Gebieten unter dem Deckmantel des Selbstbestimmungsrechts Marionettenregime zu installieren und diese Gebiete von Russland abzutrennen.

Die Pläne Ludendorffs gingen noch viel weiter. Wie später Adolf Hitler jagte er dem Phantom eines deutschen Ostreichs nach. Insbesondere hatte er es auf die Ukraine, die Kornkammer Russlands, abgesehen. Er entwickelte auch schon einen Plan, die Krim durch deutsche Kolonisten zu besiedeln.

Am 9. Februar 1918 legte die deutsche Delegation dann offiziell ihre Forderungen vor: Sowjetrussland solle nicht nur auf die besetzten Gebiete verzichten, sondern obendrein Livland und Estland räumen – de facto also Gebiete mit einer Fläche von 150.000 km² an Deutschland abtreten.

So räuberisch diese Bedingungen waren – Lenin war bereit, sie zu akzeptieren. Er war sich völlig darüber im Klaren, dass sein Land bei einem neuerlichen deutschen Angriff keine Chance haben würde. Die Soldaten der alten russischen Armee waren großenteils einfach nach Hause gegangen. Die Rote Armee aber wurde gerade erst aufgestellt. Doch die Mehrzahl der führenden Bolschewiki verweigerte Lenin die Gefolgschaft. Leo Trotzki, der seit dem 9. Januar die sowjetische Delegation in Brest-Litowsk leitete, erklärte, Sowjetrussland werde aus dem Krieg ausscheiden, aber den Friedensvertrag nicht unterschreiben.

Daraufhin griffen am 18. Februar 59 deutsche und österreichisch-ungarische Divisionen mit 700.000 Soldaten an. Die verbliebenen Truppenteile der alten russischen Armee leisteten nur wenig Widerstand. Die Rote Armee konnte den Invasoren zunächst lediglich 36.000 Mann entgegenstellen. So drangen die deutschen und österreichisch-ungarischen Truppen dann per Eisenbahn bis zu 200 Kilometer weit vor. Das Schicksal der Sowjetmacht hing an einem seidenen Faden. Jetzt schloss sich das Gros der führenden Bolschewiki den Auffassungen Lenins an. Lenin stimmte den Forderungen der Deutschen zu, doch die setzten ihren Vormarsch bis zum 23. Februar fort. Und dann präsentierten sie noch weitaus härtere Bedingungen:

Russland solle auch auf die Ukraine, Finnland und Gebiete um Batumi verzichten. Damit sollten von Russland Territorien von einer Million Quadratkilometer abgetrennt werden, auf denen 50 Millionen Menschen lebten und sich 54 Prozent seiner Industrie und 90 Prozent seiner Kohlebergwerke befanden! Am 3. März unterschrieb die sowjetische Delegation das Diktat. Bald darauf besetzten deutsche Truppen die Ukraine.

Lenin wies unterdessen seine Mitstreiter immer wieder auf ein geschichtliches Beispiel dafür hin, dass ein Volk militärisch besiegt worden war und einen räuberischen Friedensvertrag unterschreiben musste, später aber die fremden Unterdrücker vertreiben konnte: den Frieden von Tilsit im Jahre 1807, den Napoleon dem besiegten Preußen aufgezwungen hatte. Lenin hatte mit sicherem Griff das rechte Beispiel gewählt. Am 9. November 1918 – acht Monate nach der Unterzeichnung des Brester Friedens – begann die Novemberrevolution. Vier Tage später zerriss die Sowjetmacht die Fesseln des Brester Friedensvertrages.

20.
Kriegsverlauf 1918

Ende 1917 war klar: sobald das Millionenheer, das in den USA aufgestellt wurde, zum Einsatz kam, musste die Lage der deutschen Armee hoffnungslos werden. Ludendorff entschloss sich zu einem verzweifelten Vabanquespiel: er hoffte, im Westen die Entscheidung erzwingen zu können, bevor die Amerikaner eingreifen konnten. Diese Hoffnung war unrealistisch. Es war objektiv nicht möglich, die zahlenmäßig etwa gleich starken, qualitativ gleichwertigen, obendrein materiell überlegenen französischen und britischen Truppen entscheidend zu schlagen. Das Kräfteverhältnis hätte für die deutsche Seite günstiger sein können, wenn Ludendorff nicht gleichzeitig im Osten uferlose Expansionspläne verfolgt und dort deshalb eine Million Soldaten belassen hätte. Vorschläge, die Reichsregierung solle die künftige Souveränität Belgiens garantieren und daraufhin die Möglichkeit eines Kompromissfriedens ausloten, lehnte er ab. Als Prinz Max von Baden ihn am 19. Februar 1918 frage, was denn geschehen würde, wenn die geplante Offensive scheitere, sagte Ludendorff: »Dann muß Deutschland eben zugrunde gehen.« (Deutschland im ersten Weltkrieg, 2004, Bd. 3, 189)

Vom März bis Juli 1918 ließ Ludendorff die deutschen Armeen in fünf großen Offensiven gegen die britisch-französischen Truppen anrennen. Bereits am ersten Tag, dem 21. März, gelang den Deutschen der Durchbruch durch die britischen Stellungen. Ihre Infanterie griff nicht wie bisher in Schützenlinien, sondern mit kleinen Stoßtrupps an, die gegnerische Widerstandsnester einfach umgingen. Ludendorff strebte den Übergang zum Bewegungskrieg an. Das konnte aber nicht gelingen, weil hierfür alle Voraussetzungen –

schlagkräftige Kavallerieeinheiten, Panzer, eine ausreichende Anzahl von Lastkraftwagen und leistungsfähige Pferde, um die Artillerie bewegen und die vorrückenden Truppen versorgen zu können – fehlten. So wurden nur mehr oder weniger große Beulen in die alliierte Front geschlagen, wodurch sich die strategische Lage des deutschen Westheeres rapide verschlechterte. Die Frontlänge hatte sich von 390 Kilometer auf 510 Kilometer vergrößert. Von März bis Juli hatte die deutsche Armee 800.000 Mann an Gefallenen, Vermissten, Verwundeten und Gefangenen verloren – Verluste, die nur zu einem geringen Teil ersetzt werden konnten.

Nach dem Kriegseintritt der USA hatte der Chef des deutschen Admiralstabs, Henning von Holtzendorff, verkündet, seine U-Boote würden verhindern, dass amerikanische Truppen Europa erreichten. Es gelang jedoch lediglich, vier Truppentransporter zu versenken, davon drei auf der Rückfahrt – wobei 166 amerikanische Soldaten den Tod fanden. Bis zum 20. März 1918 trafen in Frankreich 284.000 amerikanische Soldaten ein. Am 20. Juli waren es bereits 1.027.000 Mann und am 2. November 1.872.000.

Als im April die zweite deutsche Offensive (»Georgette«) fehlschlug, stand bereits endgültig fest, dass der erhoffte entscheidende Sieg unerreichbar war. Doch Ludendorff weigerte sich einfach, diese Tatsache zur Kenntnis zu nehmen. Er ließ immer von neuem angreifen und opferte sinnlos das Leben Zehntausender von Soldaten. Als ihm der Generalstabsoffizier Albrecht von Thaer am 1. Mai ein realistisches Bild der Lage entwarf, fuhr Ludendorff ihn an: »Was soll Ihr ganzes Geunke? Was wollen Sie von mir? Soll ich jetzt à tout prix Frieden machen?« (Fröhlich 2001, 347)

Am 18. Juli begann die erfolgreiche Gegenoffensive der Alliierten. Die Truppen der Entente besaßen eine drückende technische Überlegenheit. Sie konnten 5.400 Flugzeuge und 1.500 Panzer einsetzen, die deutsche Seite nur 3.000 Flugzeuge und einige wenige Panzer. Die deutschen Soldaten hatten im Frühjahr voller Elan angegriffen, weil sie auf den Sieg und einen baldigen Frieden hofften. Jetzt sahen sie in weiteren Kämpfen keinen Sinn mehr. Hunderttausende suchten sich im Hinterland dem Fronteinsatz zu entziehen, weshalb man von einem »verdeckten Militärstreik« (so Wilhelm Deist) spricht.

Das stark geschwächte und maßlos überanstrengte deutsche Heer musste sich unter schweren Verlusten immer weiter nach Osten zurückziehen. Anfang November stand es in der so genannten Antwerpen-Maas-Stellung.

21.
Der Zusammenbruch des Kaiserreichs

Solange die deutschen Offensiven an der Westfront erfolgreich zu sein schienen, war die Oberste Heeresleitung auch innenpolitisch obenauf. Doch am 14. August musste sie der Reichsregierung mitteilen, dass ein Sieg Deutschlands unmöglich geworden sei. Sechs Wochen später, am 29. September, verlangte Ludendorff von der völlig überraschten Reichsregierung, sie solle sofort mit der Entente Verhandlungen über einen Waffenstillstand aufnehmen. Die Lage sei so ernst, dass die deutsche Front täglich zusammenbrechen könne. Gleichzeitig forderte Ludendorff die Bildung einer neuen Regierung, an der auch die Parteien der Reichstagsmehrheit (Zentrum, Sozialdemokraten und Liberale) beteiligt werden sollten.

Ludendorff und seine Gefolgsleute hatten sich an immer abenteuerlichere Siegesrezepte geklammert und den Krieg in die Länge gezogen. Jetzt, im Angesicht der Niederlage, suchten sie nach Sündenböcken. Vor den Offizieren seines Stabes sagte der General, er habe den Kaiser gebeten, »jetzt auch diejenigen Kreise an die Regierung zu bringen, denen wir es in der Hauptsache zu verdanken haben, daß wir so weit gekommen sind […]. Die sollen nun den Frieden schließen, der jetzt geschlossen werden muß. Sie sollen die Suppe jetzt essen, die sie uns eingebrockt haben!« (Fröhlich 2001, 348) Damit war die perfide und unheilvolle »Dolchstoßlegende« geboren.

Seit Ende September kam es dann zwischen den Akteuren der Reichstagsmehrheit und der Obersten Heeresleitung gewissermaßen zu einem Wettlauf darum, wer bei einer nunmehr unvermeidbaren »Parlamentarisierung« seine Interessen durchsetzen könne. Am 23. September begannen Koalitionsverhandlungen zwischen SPD, Zentrum und Liberalen; am 1. Oktober einigte man sich darüber, dass der Liberale Friedrich von Payer Reichskanzler werden solle. Doch die Oberste Heeresleitung war schneller: am 29./30. September beschloss der von den Militärs dominierte Kronrat, Reichskanzler Hertling abzusetzen und Max von Baden zum neuen Kanzler zu ernennen. Der Prinz galt als liberaler Reformpolitiker. Die Führer der Reichstagsmehrheit verständigten sich nun mit dem neuen Kanzler, und am 3. Oktober traten die Sozialdemokraten Philipp Scheidemann und Gustav Bauer, die Zentrumspolitiker Karl Trimborn, Matthias Erzberger und Adolf Gröber und der Liberale Conrad Haußmann in die Reichsregierung ein.

Bereits am 3. Oktober richtete Prinz Max an den Präsidenten der USA, Thomas Woodrow Wilson, eine Note, in der er um einen Waffenstillstand nachsuchte. In den folgenden Wochen kam es zwischen der Reichsregierung und Wilson zu einem Notenwechsel, in dessen Verlauf der amerikanische

Präsident seine Vorbedingungen für einen Waffenstillstand immer mehr in die Höhe schraubte. In einer Sitzung des Kriegskabinetts am 17. Oktober schilderte Ludendorff dann plötzlich die militärische Lage als recht positiv und verlangte völlig realitätsfern von den Politikern: »Packen Sie das Volk, reißen Sie es hoch. Kann das nicht Herr Ebert tun?« (Fröhlich 2001, 348) Eine Woche später, am 24. Oktober, wandte sich die Oberste Heeresleitung, ohne Rücksprache mit der Reichsregierung, in einem Aufruf an das Heer und forderte es auf, »den Widerstand mit äußersten Kräften fortzusetzen«. Zwei Tage darauf erzwang Prinz Max die Entlassung Ludendorffs. An dessen Stelle trat der weitaus flexiblere General Erich Groener.

Seit Oktober wurde von verschiedenen Seiten – so z. B. am 11. Oktober von dem berühmten Soziologen Max Weber – die Forderung erhoben, Wilhelm II. solle die Krone niederlegen. Einige Militärs empfahlen allen Ernstes, der Kaiser möge an der Front den »Heldentod« suchen. Wilhelm sträubte sich gegen einen Rücktritt.

Ende Oktober wurde im Zuge der Parlamentarisierung durch Verfassungsänderungen die Macht des Kaisers erheblich eingeschränkt. Es wurde festgelegt, dass der Reichskanzler fortan des Vertrauens des Reichstags bedürfe und ohne die Mitwirkung des Reichstags nicht über Krieg oder Frieden entschieden werden dürfe. Die Reformen kamen freilich viel zu spät.

Gleichfalls Ende Oktober plante die deutsche Seekriegsleitung – ohne die Reichsregierung darüber zu informieren! – einen großen Vorstoß und zog deshalb vor Wilhelmshaven fast die gesamte Flotte zusammen. Dieser Plan war militärisch völlig sinnlos. Es ging den Admiralen darum, angesichts der Niederlage des Heeres durch eine spektakuläre Aktion die Notwendigkeit einer Flotte zu demonstrieren und deren Zukunft für die Zeit nach dem Kriege zu sichern.

Angesichts der gewaltigen Überlegenheit der britischen und amerikanischen Seestreitkräfte musste das Unternehmen zwangsläufig für Tausende deutscher Matrosen den Tod bedeuten. Der Stabschef der Hochseeflotte, Konteradmiral Adolf von Trotha, erklärte am 8. Oktober in einem Brief an den Kapitän zur See Magnus von Levetzow eiskalt, die Aktion sei unbedingt erforderlich, auch wenn die deutsche Flotte dabei »mit Ehren« untergehen würde. (Deutschland im ersten Weltkrieg, 2004, Bd. 3, 398)

Die meisten der Matrosen verstanden sehr wohl, auf welche Fahrt ihre Vorgesetzten sie schicken wollten. Als das 1. Geschwader in der Nacht zum 30. Oktober den Befehl zum Auslaufen erhielt, leisteten insbesondere die Besatzungen der Großkampfschiffe »Thüringen« und »Helgoland« offenen Widerstand. Sie rissen das Feuer aus den Kesseln und verhinderten das Lichten der Anker.

Die Admirale mussten den geplanten Vorstoß abblasen und ließen mehr als 1.000 Matrosen verhaften. Doch die Festnahmen fruchteten nicht mehr. Es half auch nicht, das 3. Geschwader nach Kiel zu verlegen, denn hier erhoben sich die Matrosen am 3. November zum bewaffneten Aufstand.

Unterdessen waren Deutschlands Verbündete bereits aus dem Krieg ausgeschieden. Bulgarien hatte am 30. September mit der Entente einen Waffenstillstand abgeschlossen, das Osmanische Reich am 31. Oktober und Österreich-Ungarn am 3. November.

Die Sehnsucht nach Frieden und die Empörung über die Katastrophenpolitik der Herrschenden hatten mittlerweile in Deutschland die breiten Massen ergriffen. Am 3. November bildeten die Matrosen in Kiel Soldatenräte, hissten auf ihren

Schiffen die rote Fahne und brachten die Stadt in ihre Gewalt. Die Novemberrevolution nahm ihren Anfang. Sechs Tage später fegte eine spontane Volksbewegung das Regime Wilhelm II. hinweg. Prinz Max verkündete eigenmächtig die Abdankung des Kaisers und übertrug dem Vorsitzenden der SPD, Friedrich Ebert, das Amt des Reichskanzlers. Am 10. November floh Wilhelm II. nach Holland.

Einen Tag später musste die deutsche Seite sich geschlagen geben und die drückenden Waffenstillstandsbedingungen der Sieger akzeptieren. Es war eingetreten, was der damalige Oberst und stellvertretende Chef des Militärkabinetts, Ulrich Frhr. von Marschall, am 28. August 1916 vorausgesagt hatte: dass »Ludendorff in seinem maßlosen Ehrgeiz und Stolz den Krieg bis zur völligen Erschöpfung des deutschen Volkes führen und dann die Monarchie den Schaden zu tragen haben werde«. (Fröhlich 2001, 348)

22.
Bilanz

Die Bilanz des Gemetzels lautete im Jahre 1918: 15 Millionen Menschen (9 Millionen Soldaten und 6 Millionen Zivilpersonen) waren ums Leben gekommen.

Insbesondere in Nordfrankreich und Flandern, wo die großen Materialschlachten gewütet hatten, hatten sich blühende Regionen in öde Wüstenlandschaften verwandelt. In Nordfrankreich waren 480.000 Häuser ganz oder teilweise zerstört worden, in Belgien 72.000. In Galizien und der Bukowina waren es 124.000 Wohn- und 220.000 Bauernhäuser.

Die Kriegskosten waren gigantisch. Der amerikanische Professor L. E. Bogart hat sie 1920 nach gründlichen Berech-

Militärische Verluste

	Gefallene	Verwundete
Deutschland	1.808.000	4.247.000
Österreich-Ungarn	1.200.000	3.620.000
Türkei	325.000	400.000
Frankreich	1.385.000	3.044.000
Großbritannien	947.000	2.122.000
Italien	460.000	947.000
Russland	1.700.000	4.950.000
USA	115.000	206.000

nungen wie folgt veranschlagt: 186 Milliarden Dollar (732 Milliarden Goldmark) »direkte« und 162 Milliarden Dollar (606 Milliarden Goldmark) »indirekte« Kosten. Die Kriegskosten Deutschlands beliefen sich auf 160 Milliarden Mark, während seine Staatsausgaben vor 1914 bei 2,5 Milliarden Mark pro Jahr gelegen hatten.

Die Rüstungsindustriellen erzielten enorme Gewinne. Der Kruppkonzern bezifferte seinen Gewinn für die Jahre 1914–1918 auf 432 Millionen Mark. In Wirklichkeit waren es 800 Millionen.

Dem stand das Elend vieler Kriegsopfer gegenüber. 4,2 Millionen deutsche Soldaten waren verwundet worden. Viele von ihnen hatten Arme oder Beine verloren, waren erblindet oder psychisch geschädigt. Es gab 600.000 Kriegerwitwen und 1,2 Millionen Waisenkinder. Im Jahre 1924 gab es in Deutschland noch immer mehr als zwei Millionen Versorgungsberechtigte: 731.000 Kriegsbeschädigte, 372.000 Kriegerwitwen (200.000 hatten wieder geheiratet) und 1,03 Millionen Waisenkinder.

Witwen im arbeitsfähigen Alter erhielten nur 30 % der Summe, die ein schwerbeschädigter Mann erhalten hätte. Viele dieser Frauen gerieten so in bittere Not. Erst ab 1924 erhielten sie 50 % der Vollrente.

Drei Kaiser hatten bis Kriegsende ihren Thron eingebüßt. Die Großmacht Österreich-Ungarn war von der Landkarte verschwunden. Durch den Zusammenbruch des russischen Zarenreiches und Österreich-Ungarns veränderte sich die Staatenlandschaft in Europa. Finnland sowie die baltischen Länder Litauen, Lettland und Estland trennten sich von Russland. Als Nachfolgestaaten Österreich-Ungarns entstanden die Tschechoslowakische Republik und die Republiken Österreich und Ungarn. Polen, das seit dem Ende des 18. Jahrhunderts zwischen Russland, Österreich und Preußen aufgeteilt gewesen war, erhielt seine Unabhängigkeit. Auf dem Balkan schlossen sich Serbien und Montenegro mit den südslawischen Gebieten Österreich-Ungarns (Kroatien, Slowenien und Bosnien) zum »Königreich der Serben, Kroaten und Slowenen« zusammen. 1929 wurde das Land in »Jugoslawien« umbenannt.

Deutschland musste Gebiete an Frankreich, die Tschechoslowakei, Dänemark und Polen abtreten. Es verlor über 70.000 km² Land (etwa 13,5 % des Territoriums) mit mehr als 7 Millionen Einwohnern (knapp 10 % seiner Bevölkerung). Auf diese Gebiete entfielen etwa 75 % der deutschen Eisenerz- und Zinkförderung, 20 % der Steinkohlenförderung und 26 % der Roheisenerzeugung. Die deutschen Kolonien wurden als Völkerbundmandat unter die Siegermächte gestellt.

Auch das ökonomische und politische Kräfteverhältnis zwischen den Siegermächten verschob sich. 1914 betrugen die Auslandsschulden der USA 6,8 Milliarden Dollar. Im

Verlaufe des Krieges wurden die USA zum großen Gläubiger. 1917 bis 1921 vergaben sie an ihre europäischen Alliierten Kredite in der Höhe von 10 Milliarden Dollar.

23.
Zur Geschichtsschreibung

Die Literatur zum Ersten Weltkrieg ist längst uferlos. Bereits im Jahre 1991 verzeichnete eine einschlägige Bibliografie 25.000 Bücher und Artikel. Die deutsche Geschichtsschreibung der 1920er und 1930er Jahre stand ganz im Zeichen des Kampfes gegen die »Kriegschuldlüge« (Artikel 231 des Versailler Vertrags vom Jahre 1919 besagte, Deutschland und seine Verbündeten seien allein am Kriege schuld gewesen). Das fundierteste Werk zum Kriegsausbruch 1914 legte 1942/43 der italienische Historiker Luigi Albertini in drei Bänden vor. Sein Fazit lautete, die deutsche Reichsregierung habe die Hauptverantwortung für den Kriegsausbruch getragen. Albertinis Werk ist zwar ins Englische, nicht aber ins Deutsche übersetzt worden.

Die westdeutsche Geschichtsschreibung knüpfte in den späten 1940er und in den 1950er Jahren an die Positionen der Weimarer Zeit an. Gern griff sie die Formel des britischen Kriegspremiers David Lloyd George aus den 30er Jahren auf, alle Staaten seien 1914 in den Krieg »hineingeschlittert«. Da veröffentlichte der Hamburger Historiker Fritz Fischer 1961 sein Buch »Griff nach der Weltmacht«. Er vertrat darin die Auffassung, Deutschland habe den Krieg gezielt herbeigeführt. Fischer war zunächst isoliert und stieß auf wütende Abwehrreaktionen nationalkonservativer Historiker wie Gerhard Ritter. In den folgenden Jahren schlossen sich zwar nur wenige westdeutsche Historiker der These Fischers und seines Schülers Immanuel Geiss von der planmäßigen Entfesselung des Krieges an. Die Erkenntnis, Deutschland habe die Hauptverantwortung für den Kriegsausbruch getragen, wurde aber seit der »Fischer-Kontroverse« von der Mehrzahl der Historiker akzeptiert.

1968/69 legte ein Autorenkollektiv marxistischer Historiker der DDR unter der Leitung von Fritz Klein das dreibändige Werk »Deutschland im ersten Weltkrieg« vor. Es basierte auf einer gründlichen Auswertung der einschlägigen Archivalien und erregte international Aufsehen. Fachzeitschriften in den USA, Großbritannien und Frankreich brachten Rezensionen, deren Tenor überwiegend positiv war. Im Jahre 2004 erschien ein unveränderter Neudruck. Über die »Grundformel«, der die Autoren seinerzeit bei ihrer Arbeit gefolgt waren, schrieb Fritz Klein im Vorwort zur Neuausgabe: »Wir sahen im Ersten Weltkrieg einen auf allen Seiten für ungerechte, imperialistische Ziele geführten Krieg, für dessen Herbeiführung und Entfesselung die deutsche Politik, die im Kriege die weitestgehenden Kriegsziele verfocht, eine besondere Verantwortung trug« (Deutschland im ersten Weltkrieg, 2004, Bd. 1, IX f.). Für eine Beschäftigung mit der politischen Geschichte Deutschlands im Ersten Weltkrieg und mit dem Kriegsverlauf, aber auch mit der Kriegswirtschaft und der Lebenslage des Volkes ist das Werk nach wie vor unverzichtbar.

Im Jahre 2003 erschien die »Enzyklopädie Erster Weltkrieg«, herausgegeben von Gerhard Hirschfeld, Gerd Krumeich und Irina Renz, verfasst von 146 Autoren aus 14 Nationen. Essayistische Überblicksdarstellungen bilden das erste Drittel des Bandes. Acht Beiträge gelten den wichtigsten der am Kriege beteiligten Staaten. Zehn weitere Beiträge befassen sich vergleichend mit der Gesellschaft im Kriege: mit den

Themen Frauen, Kinder und Jugendliche, Arbeiter, Soldaten, Wissenschaftlicher, Kriegsliteratur, Religion, Propaganda, Medizin und Kriegswirtschaft. Sechs Artikel skizzieren den Kriegsverlauf, zwei weitere berichten über die Geschichtsschreibung.

Der eigentliche lexikalische Teil umfasst zwei Drittel des Werkes. Er enthält natürlich viele Beiträge über Schlachten, Waffentechnik, Kurzbiografien von Militärs, doch auch etliche Artikel über Politiker, Künstler und Schriftsteller. Ein sehr umfangreicher Text informiert über die Streitkräfte der Krieg führenden Staaten. Außerdem liefert die Enzyklopädie zahlreichen Stichworte, mit denen man in einem Lexikon zum Ersten Weltkrieg wohl zumeist nicht rechnen würde. Genannt seien nur: Aberglaube, Barbaren, Epidemie, Ernährung, Hunger, Individualität, Kriegsneurosen, Nationalitätenfrage, Schlachtfeldtourismus, Sexualität, Tiere, Ungeziefer. Damit liegt ein profundes Werk vor, an dem niemand, der sich mit dem Krieg der Jahre 1914 bis 1918 beschäftigt, vorbeigehen kann.

Der weitaus größte Teil der deutschen Historiker, die seit 1990 Veröffentlichungen zum Ersten Weltkrieg vorlegten, hielt daran fest, dass die deutsche Reichsregierung die Hauptverantwortung für die Entfesselung des Krieges getragen habe. Das gilt beispielsweise für Klaus Hildebrand, Wolfgang Kruse, Wolfgang J. Mommsen, Sönke Neitzel, Volker Ullrich und Hans-Ulrich Wehler. Auch der Österreicher Manfried Rauchensteiner und der Brite David Stevenson teilten diese Position. Insbesondere Hildebrand, Kruse, Mommsen, Ullrich und Rauchensteiner äußerten sich auch zu den allgemeinen Ursachen des Ersten Weltkriegs – dem imperialistischen Expansionsstreben, dem Wettrüsten und dem Nationalismus und Militarismus.

Britische Historiker publizierten mehrere Gesamtdarstellungen zum Ersten Weltkrieg, deren Schwerpunkt zumeist auf dem militärischen Geschehen liegt. Stevenson hingegen stellt den Krieg in allen seinen militärischen, politischen, gesellschaftlichen und ökonomischen Aspekten dar, hat alle kriegführenden Länder im Blick.

Noch im Jahre 2009 erklärte Wolfgang Kruse: »Es wird heute von keinem ernstzunehmenden Historiker mehr bezweifelt, dass die deutsche Politik in der Julikrise 1914 tatsächlich entscheidend zur Auslösung des Ersten Weltkrieges beigetragen hat« (Kruse, 2009, 11). Im Jahre 2012 machte jedoch der australische, in Großbritannien lehrende Historiker Christopher Clark mit seinem Buch »The Sleepwalkers. How Europe Went to War in 1914« Furore. Seit 2013 liegt das Buch auf Deutsch vor. Clark stellt die wichtigsten politischen Akteure des Sommers 1914 – Monarchen, Regierungschefs, Minister, Diplomaten und Militärs – in kenntnisreichen, oft brillant formulierten Porträts vor. Er beklagt, dass »eine entschärfte Version der Fischer-These noch heute die Studien von Deutschlands Weg in den Krieg« dominiert (S. 715). Mit der Formel von den »Schlafwandlern« knüpfte er an die Behauptung Lloyd Georges an, alle europäischen Mächte seien 1914 in den Krieg »hineingeschlittert«. Clark erklärt, dass die Regierenden aller beteiligten Mächte am Ausbruch des Ersten Weltkrieges gleichermaßen schuld gewesen seien. De facto entlastete er damit die deutsche Reichsregierung. Clark benennt keine Hauptverantwortlichen für den Kriegsausbruch. Seine ganze Darstellung läuft aber darauf hinaus, die Regierenden Serbiens, Russlands und Frankreichs zu belasten.

Clark meint, Bethmann Hollweg habe fest an die Möglichkeit einer »Lokalisierung« des österreichisch-serbischen

Konflikts geglaubt und verkennt das »perfide Intrigenspiel« des deutschen Reichskanzlers (so Stig Förster in: Heidenreich/Neitzel 171). Bethmann Hollweg wollte die Kriegsbereitschaft Russlands testen und diesem dann die Schuld am Kriege zuschieben. Nicht bereits der »Blankoscheck« vom 5./6. Juli, sondern erst die russische Mobilmachung vom 30. Juli stellte laut Clark das Signal auf Krieg. In Wirklichkeit musste man sich vom 5./6. Juli an in Berlin und Wien darüber im Klaren sein, was nun folgen würde: Österreich-Ungarn würde einen Angriffskrieg gegen Serbien führen. Dessen Schutzmacht Russland würde diesem zu Hilfe kommen. Dadurch würde Deutschland gezwungen sein, an der Seite Österreich-Ungarns in den Krieg einzugreifen. Dies würde das Eingreifen Frankreichs und wenig später Großbritanniens nach sich ziehen.

Literaturhinweise

Quelleneditionen

Bihl, Wolfdieter (Hrsg.), Deutsche Quellen zur Geschichte des Ersten Weltkrieges, Darmstadt 1991

Erdmann, Karl Dietrich (Hrsg.), Kurt Riezler. Tagebücher, Aufsätze, Dokumente, Göttingen 1972

Geiss, Imanuel (Hrsg.), Julikrise und Kriegsausbruch 1914. Eine Dokumentensammlung, 2 Bde., Hannover 1963/64

Görlitz, Walter (Hrsg.), Regierte der Kaiser? Kriegstagebücher, Aufzeichnungen und Briefe des Chefs des Marinekabinetts Admiral Georg Alexander v. Müller 1914–1918, Göttingen/Berlin/Frankfurt/Zürich 1965

Gutsche, Willibald (Hrsg.), Herrschaftsmethoden des deutschen Imperialismus 1897/98 bis 1917. Dokumente zur innen- und außenpolitischen Strategie und Taktik der herrschenden Klasse des Deutschen Reiches, Berlin 1977

Hirschfeld, Gerhard / Krumeich, Gerd / Renz, Irina (Hrsg.), Die Deutschen an der Somme 1914–1918. Krieg, Besatzung, Verbrannte Erde, Essen 2006

Hölzle, Erwin (Hrsg.), Quellen zur Entstehung des Ersten Weltkrieges. Internationale Dokumente 1901–1914, 2. Aufl., Darmstadt 1995

Institut für Marxismus-Leninismus beim Zentralkomitee der Sozialistischen Einheitspartei Deutschlands (Hrsg.), Dokumente und Materialien zur Geschichte der deutschen Arbeiterbewegung, Reihe II: 1914–1945, Bd. 1: Juli 1914–Oktober 1917, Berlin 1958, Bd. 2: November 1917–Dezember 1918, Berlin 1957

Institut für Marxismus-Leninismus beim Zentralkomitee der Sozialistischen Einheitspartei Deutschlands, Dokumente und Materialien zur Geschichte der deutschen Arbeiterbewegung, Bd. IV: März 1898 – Juli 1914, Berlin 1975

Lepsius, Johannes / Bartholdy, Albrecht Mendelssohn / Thimme, Friedrich (Hrsg.), Die Große Politik der Europäischen Kabinette 1817–1914. Sammlung der Diplomatischen Akten des Auswärtigen Amtes, 40 Bde., Berlin 1922 ff.

Materna, Ingo / Schreckenbach, Hans-Joachim (Bearb.), Berichte des Berliner Polizeipräsidenten zur Stimmung und Lage der Bevölkerung in Berlin 1914–1918, Weimar 1987

Montgelas, Graf Max / Schücking, Walter (Hrsg.), Die Deutschen Dokumente zum Kriegsausbruch 1914, 4 Bde., 2. Aufl., Berlin 1922

Opitz, Reinhard (Hrsg.), Europastrategien des deutschen Kapitals 1900–1945, 2. Aufl., Bonn 1994

Schumann, Wolfgang / Nestler, Ludwig (Hrsg.), Weltherrschaft im Visier. Dokumente zu den Europa- und Weltherrschaftsplänen des deutschen Imperialismus von der Jahrhundertwende bis Mai 1945, Berlin 1975

Ulrich, Bernd / Ziemann, Benjamin (Hrsg.), Frontalltag im Ersten Weltkrieg. Ein historisches Lesebuch, Essen 2008

Übergreifende Darstellungen

Donat, Helmut / Holl, Karl (Hrsg.), Die Friedensbewegung. Organisierter Pazifismus in Deutschland, Österreich und der Schweiz, Düsseldorf 1983

Donnert, Erich, Das russische Zarenreich. Aufstieg und Untergang einer Weltmacht, München/Leipzig 1992

Dülffer, Jost / Holl, Karl (Hrsg.), Bereit zum Krieg. Kriegsmentalität im wilhelminischen Deutschland 1890–1914, Göttingen 1986

Fesser, Gerd, Der Traum vom Platz an der Sonne. Deutsche »Weltpolitik« 1897–1914, Bremen 1996

Fesser, Gerd, Die Kaiserzeit. Deutschland 1871–1918, Erfurt 2000

Fesser, Gerd, »Herrlichen Tagen führe Ich euch noch entgegen!« Das wilhelminische Kaiserreich 1890–1918, Bremen 2009

Fröhlich, Michael, Imperialismus. Deutsche Kolonial- und Weltpolitik 1880–1914, 2. Aufl., München 1997

Heidenreich, Bernd / Neitzel, Sönke (Hrsg.), Das Deutsche Kaiserreich 1890–1914, Paderborn/München/Wien/Zürich 2011

Hildebrand, Klaus, Das vergangene Reich. Deutsche Außenpolitik von Bismarck bis Hitler 1871–1945, Stuttgart 1995

Hobsbawm, Eric J., Das imperiale Zeitalter 1875–1914, Frankfurt/New York 1989

Klein, Fritz, Deutschland von 1897/98 bis 1917 (Deutschland in der Periode des Imperialismus bis zur Großen Sozialistischen Oktoberrevolution), 5., bearb. Aufl., Berlin 1986

Nipperdey, Thomas, Deutsche Geschichte 1866–1918, Bd. 2: Machtstaat vor der Demokratie, München 1992

Schröder, Hans-Christoph, Sozialismus und Imperialismus. Die Auseinandersetzung der deutschen Sozialdemokratie mit dem Imperialismusproblem und der »Weltpolitik« vor 1914, Teil 1, 2., durchges. Aufl., Bonn-Bad Godesberg 1975

Schulte, Bernd F., Deutsche Policy of Pretention. Der Abstieg eines Kriegerstaates 1871–1914, Norderstedt 2009

Wehler, Hans-Ulrich, Das Deutsche Kaiserreich 1871–1918, 6., bibliographisch erneuerte Aufl., Göttingen 1988

Wehler, Hans-Ulrich, Deutsche Gesellschaftsgeschichte, 3. Bd.: Von der »Deutschen Doppelrevolution« bis zum Beginn des Ersten Weltkrieges, 1849–1914, München 1995; 4. Bd.: Vom Beginn des Ersten Weltkriegs bis zur Gründung der beiden deutschen Staaten 1914–1949, München 2003

Darstellungen zum Kriegsausbruch und seiner Vorgeschichte

Albertini, Luigi, The Origins of the War of 1914, 3 Bde., London/New York/Toronto 1952–1957

Canfora, Luciano, August 1914. Oder: Macht man Krieg wegen eines Attentats? Köln 2010

Clark, Christopher, Die Schlafwandler. Wie Europa in den Ersten Weltkrieg zog, München 2013

Dedijer, Vladimir, Die Zeitbombe. Sarajevo 1914, Frankfurt a. M. 1967

Fesser, Gerd, Der Ausbruch des Ersten Weltkrieges, Erfurt 2004

Fesser, Gerd, Der Traum vom Platz an der Sonne. Deutsche »Weltpolitik« 1897–1914, Bremen 1996

Fischer, Fritz, Krieg der Illusionen. Die deutsche Politik von 1911 bis 1914, 2. Aufl., Düsseldorf 1969

Gasser, Adolf, Preussischer Militärgeist und Kriegsentfesselung 1914. Drei Stunden zum Ausbruch des Ersten Weltkrieges, Basel/Frankfurt a. M. 1985

Geiss, Imanuel, Das Deutsche Reich und die Vorgeschichte des Ersten Weltkrieges, München/Zürich 1985

Geiss, Imanuel, Der lange Weg in die Katastrophe. Die Vorgeschichte des Ersten Weltkrieges 1815–1914, München/Zürich 1990

Gutsche, Willibald, Sarajevo 1914. Vom Attentat zum Weltkrieg, Berlin 1984

Laqueur, Walter/Mosse, George L. (Hrsg.), Kriegsausbruch 1914, München 1967

Mombauer, Annika, Helmuth von Moltke and the Origins of the First World War, Cambridge 2001

Neitzel, Sönke, Kriegsausbruch. Deutschlands Weg in die Katastrophe 1900–1914, München 2002

Schöllgen, Gregor (Hrsg.), Flucht in den Krieg? Die Außenpolitik des kaiserlichen Deutschland, Darmstadt 1991

Gesamtdarstellungen des Krieges

Berghahn, Volker, Der Erste Weltkrieg, 4. Aufl., München 2009

Cabanes, Bruno / Duménil, Anne (Hrsg.), Erster Weltkrieg. Eine europäische Tragödie, Darmstadt 2013

Deutschland im ersten Weltkrieg, Bd. 1: Vorbereitung, Entfesselung und Verlauf des Krieges bis Ende 1914. Von einem Autorenkollektiv unter Leitung von Fritz Klein, 3., durchges. Aufl., Berlin 1971; Bd. 2: Januar 1915 bis Oktober 1917. Von einem Autorenkollektiv unter Leitung von Willibald Gutsche, 2., durchges. Aufl., Berlin 1970; Bd. 3: November 1917 bis November 1918. Von einem Autorenkollektiv unter Leitung von Joachim Petzold, Berlin 1969, Neudruck Leipzig 2004

Gutsche, Willibald / Klein, Fritz / Petzold, Joachim, Von Sarajevo nach Versailles. Deutschland im ersten Weltkrieg, 2., bearb. Aufl., Berlin 1985

Hirschfeld, Gerhard / Krumeich, Gerd / Renz, Irina (Hrsg.), Enzyklopädie Erster Weltkrieg, Paderborn/München/Zürich 2003

Hochschild, Adam, Der Große Krieg. Der Untergang des alten Europa im Ersten Weltkrieg 1914–1918, Stuttgart 2013

Howard, Michael, Kurze Geschichte des Ersten Weltkriegs, München 2002

Keegan, John, Der Erste Weltkrieg. Eine europäische Tragödie, Reinbek bei Hamburg 2000

Kielmansegg, Peter Graf, Deutschland und der Erste Weltkrieg, 2., durchges. Aufl., Stuttgart 1980

Kruse, Wolfgang (Hrsg.), Eine Welt von Feinden. Der Große Krieg 1914–1918, Frankfurt am Main 1997

Kruse, Wolfgang, Der Erste Weltkrieg, Darmstadt 2009

Michalka, Wolfgang (Hrsg.), Der Erste Weltkrieg. Wirkung – Wahrnehmung – Analyse, München 1994

Mommsen, Wolfgang, Die Urkatastrophe Deutschlands. Der Erste Weltkrieg 1914–1918, Stuttgart 2002 = Gebhardt. Handbuch der deutschen Geschichte, 10., völlig neu bearb. Aufl., Bd. 17

Neitzel, Sönke, Weltkrieg und Revolution 1914–1918/19, Berlin 2008

Stevenson, David, 1914–1918. Der Erste Weltkrieg, Düsseldorf 2006

Strachan, Hew, Der Erste Weltkrieg. Eine neue illustrierte Geschichte, München 2004

Spezielle Darstellungen zum Kriege

Duppler, Jörg / Groß, Gerhard P., Kriegsende 1918. Ereignis, Wirkung, Nachwirkung, München 1999

Feldmann, Gerald D., Armee, Industrie und Arbeiterschaft in Deutschland 1914 bis 1918, Berlin/Bonn 1985

Fischer, Fritz, Griff nach der Weltmacht. Die Kriegszielpolitik des kaiserlichen Deutschland 1914/18, Nachdruck der Sonderausgabe 1977, Düsseldorf 1994

Hardach, Gerd, Der Erste Weltkrieg 1914–1918, München 1973 = Geschichte der Weltwirtschaft im 20. Jahrhundert, Bd. 2

Hedeler, Wladislaw / Kinner, Klaus (Hrsg.), »Die Wache ist müde«. Neue Sichten auf die russische Revolution von 1917 und ihre Wirkungen, Berlin 2008

Horne, John / Kramer, Alan, Deutsche Kriegsgreuel 1914. Die umstrittene Wahrheit, Hamburg 2004

Kocka, Jürgen, Klassengesellschaft im Krieg. Deutsche Sozialgeschichte 1914–1918, 2., durchges. u. ergänzte Aufl., Göttingen 1978

Kruse, Wolfgang, Krieg und nationale Integration. Eine Neuinterpretation des sozialdemokratischen Burgfriedensschlusses 1914/15, Essen 1993

Rabinowitch, Alexander, Die Sowjetmacht. Die Revolution der Bolschewiki 1917, Berlin 2012

Rauchensteiner, Manfried, Der Tod des Doppeladlers. Österreich-Ungarn und der Erste Weltkrieg, Graz/Wien/Köln 1993

Rosenthal, Jacob, Die Ehre des jüdischen Soldaten. Die Judenzählung im Ersten Weltkrieg und ihre Folgen, Frankfurt a. M. / New York 2007

Ullrich, Volker, Vom Augusterlebnis zur Novemberrevolution. Beiträge zur Sozialgeschichte Hamburgs und Norddeutschlands im Ersten Weltkrieg, Bremen 1999

Verhey, Jeffrey, Der »Geist von 1914« und die Erfindung der Volksgemeinschaft, Hamburg 2000

Zechlin, Egmont, Krieg und Kriegsrisiko. Zur deutschen Politik im Ersten Weltkrieg. Aufsätze, Düsseldorf 1979

Biographien

Afflerbach, Holger, Falkenhayn. Politisches Denken und Handeln im Kaiserreich, 2. Aufl., München 1996

Fröhlich, Michael (Hrsg.), Das Kaiserreich. Portrait einer Epoche in Biographien, Darmstadt 2001

Gutsche, Willibald, Wilhelm II.: der letzte Kaiser des Deutschen Reiches. Eine Biographie, Berlin 1991

Gutsche, Willibald, Aufstieg und Fall eines kaiserlichen Reichskanzler. Ein politisches Lebensbild. Theobald von Bethmann Hollweg 1856–1921. Berlin, 1973

Holl, Karl, Ludwig Quidde (1858–1941). Eine Biographie, Düsseldorf 2007

Kaulisch, Baldur, Alfred von Tirpitz und die imperialistische deutsche Flottenrüstung. Eine politische Biographie, 3. Aufl., Berlin 1988

Laschitza, Annelies, Im Lebensrausch, trotz alledem. Rosa Luxemburg. Eine Biographie, 2. Aufl., Berlin 1996

Laschitza, Annelies, Die Liebknechts. Karl und Sophie – Politik und Familie, Berlin 2007

Machtan, Lothar, Prinz Max von Baden. Der letzte Kanzler des Kaisers. Eine Biographie, Berlin 2013

Nebelin, Manfred, Ludendorff. Diktator im Ersten Weltkrieg, München 2010

Pyta, Wolfram, Hindenburg. Herrschaft zwischen Hohenzollern und Hitler, München 2009

Röhl, John C. G., Wilhelm II. Der Weg in den Abgrund 1900–1941, München 2008

Röhl, John C. G., Wilhelm II., München 2013

Ruge, Wolfgang, Hindenburg. Porträt eines Militaristen, Berlin 1974

Basiswissen
Politik / Geschichte / Ökonomie

Georg Fülberth
Kapitalismus
118 Seiten | € 9,90 [D]

Georg Fülberth
Sozialismus
111 Seiten | € 9,90 [D]

Gisela Notz
Feminismus
131 Seiten | € 9,90 [D]

Peter Rau
Der Spanienkrieg 1936–39
127 Seiten | € 9,90 [D]

Guido Speckmann /
Gerd Wiegel
Faschismus
127 Seiten | € 9,90 [D]

Frank Deppe /
David Salomon / Ingar Solty
Imperialismus
134 Seiten | € 9,90 [D]

Georg Fülberth
»Das Kapital« kompakt
123 Seiten | € 9,90 [D]

David Salomon
Demokratie
131 Seiten | € 9,90 [D]

Georg Fülberth
Geschichte der BRD
115 Seiten | € 9,90 [D]

Phillip Becher
Rechtspopulismus
123 Seiten | € 9,90 [D]

Jörg Roesler
Geschichte der DDR
130 Seiten | € 9,90 [D]

Dietrich Heither
Burschenschaften
131 Seiten | € 9,90 [D]

Andreas Wehr
Die Europäische Union
134 Seiten | € 9,90 [D]

Gerhard Feldbauer
Vietnamkrieg
127 Seiten | € 9,90 [D]

Urte Sperling
**Die Nelkenrevolution
in Portugal**
131 Seiten | € 9,90 [D]

Gerd Fesser
**Deutschland und
der Erste Weltkrieg**
123 Seiten; € 9,90 [D]

PapyRossa Verlag | Luxemburger Str. 202 | 50937 Köln
Tel. 0221/448545 | mail@papyrossa.de | www.papyrossa.de